Jürgen und Karin Schultze-Röhl
Von Cockpit zu Cockpit
Band 2
Mit „Krios" zum Amazonas

Jürgen und Karin Schultze-Röhl

Von Cockpit zu Cockpit

Band 2

Mit „Krios" zum Amazonas

fischer report

CIP-Titelaufnahme der Deutschen Bibliothek

Schultze-Röhl, Jürgen:
Von Cockpit zu Cockpit / Jürgen & Karin
Schultze-Röhl. – Frankfurt (Main) :
R. G. Fischer.
 (Fischer-Report)
NE: Schultze-Röhl, Karin:

Band 2. Mit „Krios" zum Amazonas. – 1991
 ISBN 3-89406-349-1

© 1991 by R. G. Fischer Verlag
Wilhelmshöher Straße 39, D-6000 Frankfurt 60
Alle Rechte vorbehalten
Satz: Textservice Zink, Heiligkreuzsteinach
Schriftart: Bookman 11˙ n
Herstellung: Ernst Grässer, Karlsruhe
Printed in Germany
ISBN 3-89406-349-1

Inhalt

Einleitung		9
1. Kapitel	Lockruf Amazonas Surinam – Französisch Guyane – Belém	11
2. Kapitel	Zwischen Wald und Weiden (Amazonas) Santarém – Manus	37
3. Kapitel	Im Revier der ribeirinhos (Solimões) Tefé – Tabatinga	79
4. Kapitel	Bienvenido in der Einsamkeit (Marañón) Leticia – Iquitos	119
5. Kapitel	Mit Seebeinen in den Anden Peru – Bolivien – Ecuador	145
6. Kapitel	Strom-Ab-Gesang	173

Anhang	181
(1) ‚Krios‘ Technische Daten	182
(2) ‚Krios‘ Grundriß	183
(3) Seemännische Ausdrücke	184
(4) Declaración	191
(5) Bibliographie	192

RIO AMAZONAS

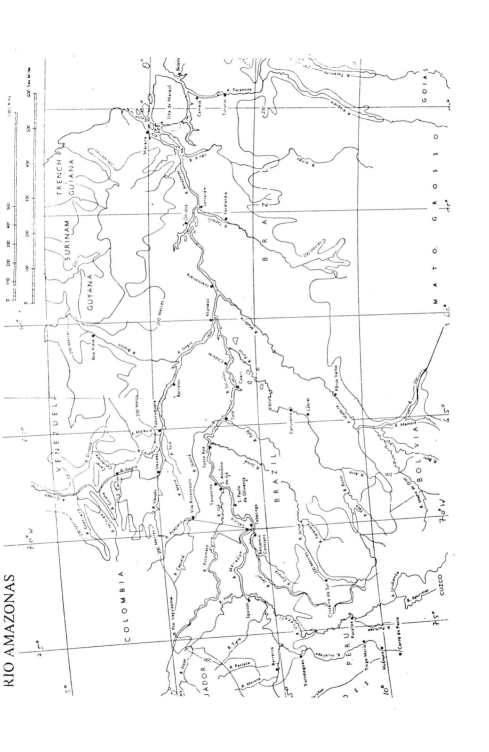

Einleitung

Den Aufbruch und unsere Eindrücke in den Westindischen Inseln haben wir in dem Buch „Von Cockpit zu Cockpit – Mit KRIOS zur Karibik" geschildert. Hier nun sei vom nächsten Ziel unserer Reisen die Rede: den braunen Wassern im grünen Meer.

Schaut man sich auf einer Karte die geographische Lage der Antillen mit Blick auf Brasilien an, ist es verführerisch, will man mit einem Segelboot dorthin gelangen, den direkten Kurs nach Südosten einzuschlagen. Zu den vorherrschenden Wetter-, Wind- und Seeverhältnissen in Beziehung gebracht, wird allerdings rasch deutlich, daß es eine dorngespickte Fahrt zu werden verspricht.

Widrige Winde, abwechselnd mit Flauten, entgegenstehender Strom bis zu 4 Knoten, erfordern zuverlässige Motorunterstützung, die ‚Krios' mit dem schwachen Zweizylinder kaum aufweisen konnte. Trotzdem entschieden wir uns für diese Route – denn die Alternative, die bequemere Strecke im Uhrzeigersinn um den Nordatlantik herum zu wählen, bedeutete einen gewaltigen Zeitaufwand. Außerdem hätten wir die Hurrikansaison aussitzen und den Start bis Mitte November verzögern müssen.

Die Lehre daraus ist schnell gezogen: Lockt das karibische Meer, ist es von Europa kommend kein großer Umweg, erst das nordöstliche Südamerika anzusteuern. Der Landfall lohnt sich; das mag daraus erhellen, daß wir seither noch zweimal den Kontinent besucht haben.

Darüber und von den Erlebnissen auf dem Weg durch die südlichen Ozeane wird noch zu berichten sein.

An Bord, im Herbst 1990

1. Kapitel
Lockruf Amazonas
Surinam – Französisch Guyane – Belém

Anderthalb Jahre Karibik lagen hinter uns, als Mitte Juli 1980 nach 9 Tagen ekliger Kreuzerei von Barbados gegen Südostwind und Nordweststrom endlich am Feuerschiff ‚Suriname' in 5 Metern Tiefe der Anker fiel; wir hatten für die rund 500 Seemeilen 705,6 (man beachte die ‚6!) geloggt.

Unser Zeitplan, Südamerika anzulaufen, wurde von drei Faktoren bestimmt: dem Beginn der Hurrikansaison, dem Ende der Regenzeit im Nordosten Südamerikas und der Niedrigwasserperiode des Amazonas, unserem ferneren Ziel.

Kaum hatten wir die gefährliche Zone, die im Süden bei 10° N in Höhe von Trinidad endet, verlassen, fegte „Allen", der stärkste Orkan seit Äonen in diesem Gebiet – sollte man ihnen vielleicht doch lieber keine männlichen Namen geben? – nördlich von Barbados zwischen St. Lucia und St. Vincent hinweg und richtete erheblichen Schaden an. Seine Kraft bekamen wir in Form von hohem Seegang, heftigen Gewitterböen und Regenfällen zu spüren; außerdem trieb uns diese Wetterlage südlich von 8° N, was wir eigentlich vermeiden wollten, um den zu dieser Jahreszeit starken Nordweststrom von bis zu vier Knoten aussegeln zu können.

Wir standen via Amateurfunk mit den Betroffenen in enger Verbindung, bangten mit ihnen, als säßen wir selbst in einem „hurricane-hole", und atmeten erleichtert auf, als der Spuk ohne eine Hiobsbotschaft vorüber war. Wieder einmal hatte die Ätherwelle den menschlichen Brückenschlag ermöglicht.

* * *

Das Gebiet der Doldrums oder I.T.C.Z. (Inter Tropical Convergence Zone), das am Äquator zwischen den Passatwinden beider Hemisphären liegt, verschiebt sich mit dem Lauf der Sonne im nördlichen Sommer nach Norden (bis 5° N) und weicht bis 5° S zurück, wobei Nordostwinde nördlich und Südostwinde südlich der Zone vorherrschen. Auf unserer Fahrt jedoch fiel der Nordost aus.

Alle Freuden, die diese labile Region für ein Segelboot bereithält, führte sie uns vor. Wir waren froh, als ein dunkler Strich am Horizont die niedrige, mangrovenbewachsene Küste Surinams andeutete, klar durch Kumuli über Land markiert. Dunkelbraunes, brackiges Wasser umgab uns bereits 30 Seemeilen vor dem Land.

Die See verhielt sich anständig, und ein sanftes Rollen wiegte ‚Krios' während des Abendessens auf dem vorgeschriebenen Ankerplatz. Nur die Kennung des Feuerschiffes huschte blendend durch die Kajüte. Dann – wir trauten unseren Ohren nicht: ein geisterhaftes Klopfen, rhythmisch, nervenaufreibend, mal lauter, mal leiser.

„Was ist denn nun wieder los?"

Um die verdiente Ruhe gebracht, krochen wir im ganzen Boot umher, lauschten am Rumpf, drinnen, draußen, um die Ursache zu finden. Nichts.

„Das geringe Schaukeln steht in keinem Zusammenhang mit dem Geräusch."

Also tauchen und im Lichtkegel der Unterwasserlampe ertasten, was sich am Bootskörper verfangen haben könnte. Weder eine Fischernetzkugel noch ein ausgefallener Fisch mit hartem Schädel war der Übeltäter. Plötzlich Stille, kein Poltern mehr. Das Fragezeichen aber blieb.

Mit auflaufender Tide gingen wir morgens ankerauf und winkten einen Gruß hinüber zum Feuerschiff. Von neuem das vermaledeite Hämmern. Hämmern!

„Heiliges Kanonenrohr! Da arbeitet ein fleißiger Seemann am Vorschiff und klopft den Rost ins Meer."

„Schande über uns, wir hätten es erkennen müssen."

Hatten wir nicht selbst einige Übung darin? Nur sind wir nicht darauf gekommen, daß er die Nacht zum Tage machte und daß die Schallübertragung im Wasser eigenen Gesetzen unterliegt.

Wir folgten der ausgetonnten Fahrrinne 20 Seemeilen den Suriname-Rivier hinauf bis zu der am linken Ufer einer Flußbiegung gelegenen Hauptstadt der selbständigen Republik. In der Abenddämmerung belegten wir die Bugleine am Heck eines außer Dienst gestellten Fahrgastschiffes am baufälligen Dock. Die Achterleine brachten wir zu einem Pfahl aus.

An Schlaf war wenig zu denken, denn bei fallendem Wasser wies ein beängstigendes Rumpeln eindringlich darauf hin, daß unter dem Kiel etwas lag, was eigentlich nicht dahin gehörte.

„Öfter mal was Neues", gnatzte ich.

Bei Ebbe war die Bescherung offenbar: Ein abgefaulter Pfostenstumpf, von unserer Unterwasserfarbe rot gepinselt, grinste unverhohlen herauf.

Sobald es ging, machten wir uns davon, und ein paar Meter weiter Gebrauch von Emile's Angebot, längsseits seines ihm von der Regierung verkauften Fischkutters ‚Sunflower' zu gehen.

Von den Engländern mit den Holländern gegen die Insel Manhattan (New York) 1667 getauscht, wurde Surinam im November 1975 unabhängig. Die Bevölkerung von 385 000 Seelen, von denen ein Drittel in Paramaribo lebt, besteht aus der buntesten Rassenvielfalt. Neben indianischen Ureinwohnern und Weißen gibt es Neger. Viele Japaner, Koreaner, Javanesen (deren Gamelanmusik rundherum erklingt) und Indonesier glauben, hier ein besseres Leben zu finden. Kannst du dir eine exotischere Mischung ohne Rassendiskriminierung vorstellen? Wir trafen ein Mädchen mit leuchtend rotem Kraushaar, perlweißer Haut, aber ausgesprochen negroiden Gesichtszügen. Einer ihrer Brüder war weiß und hatte schwarze Locken, der andere dagegen sah wie ein reiner Neger aus – ihr Vater war Holländer, die Mutter Afrikanerin. Sie alle redeten holländisch – also kein großes Sprachproblem – und Takki-Takki (genauso hört sich's an).

„Wieviele Leute hier ihren Kanari zum Verkauf auf den Markt bringen", Karin machte große Augen.

„Weit gefehlt: Sie tragen ihren Lieblingsvogel im Käfig spazieren, wie wir unsere Hunde an der Leine herumführen."

Die Kulisse bilden die gut erhaltenen, im Kolonialstil errichteten Häuser, umrahmt von unzähligen großen Mandelbäumen.

„Schade, daß wir die Blütenpracht nicht erleben", bedauerte Karin.

Die Attraktion für den Besucher sind aber nicht nur diese Bauten und andere Sehenswürdigkeiten, wie das Fort Zeelandia oder die Festung Neu-Amsterdam, sondern ebenso die berauschenden Naturschönheiten, die sich im Bergland von Guyana ausbreiten. Etwa fünfmal so groß wie das ehemalige Mutterland, sind vor allem die bis 50 Kilometer ins Innere reichende Küstentiefebene und die Ufer der größeren Flüsse bewohnt.

Auf der einzigen Straße, die 300 Kilometer durch den Busch führt, ratterten wir im Minibus mit anderen abenteuerlustigen Touristen vorbei an vereinzelten kleinen Ansiedlungen von fünf oder sechs Hütten, säuberlich aus Palmblättern geflochten, in der Mitte knapp mannshoch.

„Hier leben heute noch die Nachkommen der seinerzeit aus der Sklaverei entflohenen Buschneger, lediglich mit Lendenschurz bekleidet", tönte der schwarze Fahrer verachtungsvoll.

Während einer Kaffeepause fotografierten wir eine Szenerie, wie sie als Wolfsschlucht aus dem Weberschen „Freischütz" nicht malerischer gedacht sein kann. Die am

Wildbach lagernden Waldarbeiter, ein Kaninchen am Holzfeuer bratend, fragten uns:

„Was ist denn so schön an dem verdammten Regenwald und diesem Rinnsal?"

„Es ist so romantisch", antworteten wir. Sie konnten es nicht begreifen.

Am Oberlauf des Nickerie-Rivier stiegen wir in ein 12 Meter langes Einbaumkanu um, das tauglichste Verkehrsmittel auf diesen von Felsblöcken verseuchten Flüssen. Ein anderes „Korjaga" bunkerte unser Gepäck; neben der Bettwäsche, die wir mitbringen mußten, wurde unsere gesamte Verpflegung verladen, einschließlich der Köchin, einer fetten, fürsorglichen Negermami. Durch Stromschnellen, an sichtbaren und unsichtbaren Steinbrocken vorbei, außenborderte uns der Bootsführer mit 40 PS geschickt flußaufwärts. Unvergeßlich wird uns diese Fahrt im schwankenden Kanu bleiben, das mit hohem Süllbord versehen war, um die Spritzer bei 8 Knoten Gegenstrom etwas zu mildern. Hie und da klatschte ein Kaiman vom Uferrand ins Wasser, schillernde Riesenlibellen, farbenprächtige Vögel, schwirrende Kolibris und springende Fische begleiteten uns.

„Kennt einer von euch das Gegenteil von fliegenden Fischen?"

Nachdenkliche Pause.

„Schwimmende Vögel."

„Fischende Fliegen."

Unser Bestimmungsort, eine einfache Bretterbude, lag hoch über dem Fluß auf einer Urwaldlichtung. Die Möblierung der Schlafstätte bestand aus doppelstöckigen Gerüsten, einem Tisch und vier Nägeln mit Köpfen als Kleiderschrank.

„Daß wir auch Matratzen mitzubringen hätten", Karins Pupillen erweiterten sich wie mit Atropin beträufelt, „stand nicht im Prospekt."

Nach einer von ungewohnten Geräuschen und Tierstimmen erfüllten Nacht wanderten wir zu den nahegelegenen Marie-Blanche-Fällen. Tosende Wassermassen – die Regenzeit war noch nicht ganz vorüber – stürzten in Kaskaden hernieder, ein faszinierender Anblick für uns, die wir den Rheinfall von Schaffhausen als äußerst beeindruckend befunden hatten. Unterhalb der Kaskaden badeten wir mit Festhalten als Lebensversicherung. Daß Karin auf dem Pfad zurück zur Unterkunft von einer eineinhalb Meter langen Schlange, auf die sie versehentlich trat, in die linke Wade gebissen wurde – „ich hatte gerade einen wunderschönen blauen, handtellergroßen Schmetterling betrachtet" –, zeugt von unserer Unbedarftheit und gehört in das Kapitel „Überleben im Dschungel".

„Ich habe die Wunde sofort ausgesaugt", berichtete ich später einem befreundeten Arzt.

„Beim krummen Stab des Äskulap! Das ist das Schlimmste, was du tun konntest. Wenn du eine Verletzung am Mund gehabt hättest, wärst du draufgegangen."

„Na und?"

An der Küste wird intensive Agrarwirtschaft betrieben. Ein großes Reisanbaugebiet liegt am unteren Nickerie-Rivier. Der Reis wird vom Flugzeug aus gesät und mit mächtigen Maschinen geerntet. Da der Fluß nicht tief genug ist, werden die Schiffe nur zur Hälfte beladen, fahren so den Suriname-Rivier hoch und übernehmen in Paramaribo den Rest von Leichtern. Citrus, Gemüse, Kaffee und Zukkerrohr sind weitere Produkte dieser Gegend. Neben den vorwiegend von japanischen Kuttern gefangenen Krabben werden Hölzer und Bauxit exportiert; insbesondere aber exportieren sich die Einwohner selbst nach Holland – wegen der dortigen sozialen Sicherung. War es einer der Gründe, warum zwei Wochen nach unserer Abreise die Grenzen geschlossen wurden?

Obwohl wir inzwischen viele tropische Märkte erlebt hatten, waren wir von der angebotenen Fülle unbekannter

Früchte überwältigt sowie von all den wohlriechenden Gewürzen und tausend Kleinigkeiten, die für die indonesische Küche erforderlich sind.

„Surinam erscheint mir als ein Land der unbegrenzten Möglichkeiten en miniature", faßte ich zusammen.

Über den Ausbau der Aluminiumindustrie hinaus, der Vollmechanisierung des Reisanbaus, Errichtung von Staudämmen und Wasserkraftwerken – am Oberlauf des Suriname-Rivier ist 100 Kilometer südlich von Paramaribo ein riesiger See entstanden – sind der Eigeninitiative die Tore geöffnet. So hat unser Bekannter Frank Juristerei in Holland studiert:

„Danach habe ich verschiedene Zusatzprüfungen in Surinam abgelegt und bin, da es erfolgversprechender ist, heute Bauunternehmer. Die Mentalität meiner Landsleute erlaubt es mir, eigene, wenngleich unverstandene Wege zu gehen."

Er wollte deswegen so schnell zu Geld kommen, weil er beabsichtigt, den begonnenen Ausbau seiner Yacht zu vollenden und unserem Beispiel zu folgen – ungewöhnlich für einen Surinamesen.

„Noch ausgefallener für seine Freundin", fand ich, „die bereit ist, einschließlich der drei teils gemeinsamen Kinder, mit ihm auf einem Boot zu leben."

Würden wir sie eines Tages irgendwo auf dem großen Wasser wiedertreffen?

Anfang August brachen wir in Richtung Französisch Guyane auf. Es war zu spüren, wie die politische Lage unterschwellig gärte. Unsicherheit klang aus den Worten von Emile, der seinem Traum nachhing, das Land zu verlassen und mit dem Kutter in der Karibik Handel zu treiben, ohne ihn wohl jemals erfüllen zu können. Er hatte sich nämlich hereinlegen lassen: er besitzt ein zwar billig erworbenes, aber nutzloses Fahrzeug, denn der uralten

Vierzylindermaschine fehlt ein wichtiges Teil – der vierte Kolben!

* * *

Gern wären wir von Surinam zu den Iles du Salut an der Küste ostsüdost entlanggefahren, um nachts den Landwind zu fassen. Ich tippte auf die Karte:

„Es wäre halsbrecherisch, innerhalb der 10 Meter Tiefenlinie zu bleiben, die etwa 12 Seemeilen entfernt vom Ufer verläuft. Wracks, so dicht gesät wie Rüben auf dem Feld, die Position häufig mit ‚ungefähre Lage' angegeben, Untiefen, Felsen und Inselchen säumen die flachen Gestade von Französisch Guyane."

Allein mit dieser „hardware" nicht genug, hat auch die „software" ihre Kinken. Der Ostwind weht mit seltenen Ausnahmen parallel zur Küste, über der sich zudem starke Gewitter entwickeln; der West setzende Strom verliert auch in Landnähe wenig von seinen durchschnittlich 2 Knoten, und die gegenan laufende Tide wirft eine unangenehme Kabbelsee auf.

„So sind wir wieder mal auf das gewisse Seglergefühl angewiesen, wann der nächste Kreuzschlag zu machen ist."

Das war, zugegeben, nicht immer sehr zuverlässig, und außerdem standen wir mehrere Flauten durch ohne den Motor anzuwerfen (ein Puristenanfall). Nach knapp 6 Tagen waren wir am Ziel und rissen 414 für eine Distanz von 170 Seemeilen ab.

„Da hat wohl der Teufel seine Aktien drin", rief Karin aus, denn das 20-Meilen-Feuer der Iles du Diable, wie sie früher hießen, verschwand in der Nacht wie von Geisterhand verwischt. Statt dessen brach ein blitzendes Unwetter über uns herein, obgleich das Barometer so hoch stand, daß wir es gut hätten verkaufen können.

„Drehen wir lieber bei."

Wir vertrieben vom Log nicht registrierte Meilen. Ich war unbesorgter als seinerzeit in meinem Strahlflugzeug.

Von einem Höhen-Flug waren wir mit unseren beiden F-104 in dicke, milchige Wolkensuppe eingetaucht. Obwohl nicht mehr als ein Meter von der Flügelspitze entfernt, konnte ich von meinem Cockpit aus nur schemenhaft die Konturen der Maschine meines Kameraden ausmachen, dessen fliegerisches Können ich routinemäßig überprüfte. Wir befanden uns auf dem Wege zum zugeteilten Ausweichplatz, da ein angekündigter Wetterumschwung früher eingetreten war und die Bedingungen nicht zuließen, am Heimathafen zu landen.

Harte Arbeit dieser dichte Verbandsflug, verknüpft mit Zartgefühl am Steuerknüppel, weil größere Ausschläge dich herumgurken lassen, als hätte man unter deiner Mühle Feuer gelegt und der Wechsel der mal dunkleren, mal helleren Wolkenschichten auch den Schein der Navigationslichter verwischt.

Nach Verlassen der Warteschleife in steilem Gleitflug teilte uns der Flugleiter über die Radarleitstelle mit:

„Das Feld ist vollkommen zu. Wir sind unter Minimum. Ihr müßt zum zweiten Ausweichplatz. Brecht bitte den Anflug ab."

Der hatte gut reden! Unser Treibstoff war darauf berechnet, daß wir seine Basis sicher erreichten. Wer wollte uns außerdem garantieren, daß der nächste Platz noch anfliegbar blieb, bis wir dort waren?

„Verbindung aufgenommen, aber der Haken dabei ist, daß eine ausgedehnte knubbelige Gewitterfront davor liegt."

Auch das noch, mit Haken und Ösen!

„Wir verfolgen euch mit Radar und übergeben euch an die Radar-Endanflug-Kontrolle von L."

„All right", entschied ich, und so nahmen wir Kurs direkt zum Ziel, denn das Gebrodel konnten wir wegen Spritmangels weder über- noch umfliegen.

Wir drangen in eine obskure Wolkenformation ein und aus anfänglichem Sprühregen wurden größere Tropfen. Sie klatschten gegen die Frontscheibe und umflossen in Strähnen die Kanzel. Das leichte Flattern der Tragflächen unserer Jets entwickelte sich zu hartem Schlagen. Du wirst herumgeschleudert und rutschst wie inmitten eines Pumpengehäuses von einer Aufwind- in die nächste Fallböenkammer. Wärest du nicht angeschnallt, würdest du mit dem helmbewehrten Schädel die Kuppel wie eine Kanonenkugel durchbohren. Da du nicht weißt, aus welcher Richtung wieder ein Stoß kommt, hinkst du den Ereignissen nach, steuerst zu spät gegen und tanzt erbärmlich Veits. Der Blick springt zwischen dem neben dir fliegenden Kameraden und den Instrumenten hin und her. Die zittern, als hätten sie das Zipperlein, und spielen verrückt, weil sie die Rackerei ebenfalls nicht leiden mögen.

Als Hagelkörner begannen, an den Rümpfen wie Schneebälle zu zerplatzen, mußten wir die Geschwindigkeit verringern.

„Nimm etwas Gas weg", ordnete ich an, „sonst durchlöchern uns die Schrotkörner wie ein Sieb."

Farbloses Gemisch umgab uns, naß und eisig, von blendenden, zackigen Linien zerrissen und grummelndem Grollen erfüllt.

Es war das finstere Reich Nibelheims, des Mimen und seiner Schmiede, die mit tausend Hämmern wütend auf die Ambosse hieben. Und wie der Flammenblitz Thors den Blick auf Walhall freigibt, war das Flugzeug meines Gefährten plötzlich in einen grellen Strahl gehüllt, der von vorn über den Rumpf nach achtern verzuckte.

„Mich hat ein Blitz erwischt, Rauch im Cockpit."

„Luftklappe öffnen", wies ich an.

Abgesehen von der verschmorten Bugspitze konnte ich kein Feuer entdecken.

„Ich übernehme; an meine Seite!"

Er hängte sich an mich wie ein Saugfisch an sein Gasttier.

„Instrumente taumeln", meldete er weiter. „Rauch ist weg, aber keine Geschwindigkeits- und Lageanzeige; Triebwerk im Lot."

„Wir haben es bald geschafft, in 5 Minuten sind wir unten", sagte ich nachdrücklich, während ich zu ihm hinüberschaute und er mir, zwischen Wolkenfetzen kaum wahrnehmbar, das o.k.-Zeichen gab.

Ich rekapitulierte Zahlen des Anflugverfahrens: Höhen, Kurs, Zeit, Treibstoffmenge.

„We read you – wir haben mitgehört", mischte sich die Radar-Endanflug-Kontrolle ein. „Höchste Sicherheitsstufe ist ausgelöst. Ihr habt noch 8 Meilen. Der Hauptteil des Gewitters liegt hinter euch. Hier herrschen akzeptable Bedingungen. Macht euch bereit für den Gleitpfad."

Ich bestätigte und fügte hinzu: „Reißt euch am Riemen mit den Landeanweisungen. Wir haben keine Automatik, und Durchstarten können wir uns nicht mehr leisten."

„Ist in Ordnung; unser bester Kontrolloffizier wird euch runterbeten."

Kleine Grad- und Höhenkorrekturen brachten uns in Linie mit der Blitzlichtansteuerung, doch die sogenannten akzeptablen Bedingungen bestanden aus nieselndem, dunstartigem Nebel, durch den die hell aufgedrehten Seitenbegrenzungslichter der Rollbahn diffus schimmerten und uns mit 300 km/h entgegenstoben.

‚Also auch unter Minimum', dachte ich bei mir. ‚Das sind die Ösen.'

„Gleich seid ihr über dem Aufsetzpunkt, ein bißchen zu hoch, tiefer, tiefer, jetzt."

Die Ruhe ausstrahlende Stimme zog uns zu einer weichen Formationslandung auf den Beton.

„Bremsschirm entfaltet", hörte ich mein Anhängsel, danach zog ich ihn.

„Sicher unten", sagte ich dem Lotsen. Ein feister Kloß im Hals zerbröckelte. „Danke für die Hilfe."

„Oh, dafür sind wir da. Wartet auf der Piste; wenn euch der Flugsicherheitsoffizier in den Küchenschwaden gefunden hat, wird er den Weg zum Abstellplatz weisen."

„Das wird nicht reichen", gab ich zurück. „Mein Ofen ist bereits aus; kein Sprit mehr. Ein Schlepper muß es schon sein."

„Holy smokes, that was close – au weia, das war haarscharf. Wir werden ein Faß aufmachen. See you at the bar – wir erwarten euch an der Bar."

So endete ein weiterer Übungsflug bei unseren alliierten Gastgebern, in deren Korona wir für diese Nacht untergingen.

Am Morgen war alles überstanden, hier wie da. Wir ankerten in der durch eine Mole nach Osten geschützten Bucht der Ile Royale, wo die Gendarmerie Nationale an Bord kam und mit charmant französischer Nonchalance, ohne Einklarierungsgebühren zu verlangen, liebenswürdig unsere Sprachschnitzer überhörte. Guyane ist Überseedepartement und als solches französisches Staatsgebiet. Mit etwa 50 000 Einwohnern hat es eine nur geringe Bevölkerungsdichte von $0{,}5/km^2$.

Möchtest du deine Vorstellungen der Südsee verwirklicht sehen, ohne in den Pazifik zu reisen, ist das der richtige Ort. Die Gruppe besteht aus drei zwischen 600 und 900 Meter langen Felseninseln, ca. 40 Meter hoch. Sie sind dicht mit Regenwald und Kokospalmen bewachsen und verwehren so den Blick auf die Ruinen ihrer schalen Vergangenheit.

Im Jahre 1852 wurden unter Napoleon III. die Zuchthäuser Brest und Rochefort aufgegeben und statt dessen Guyane Strafkolonie. Der Alptraum dauerte bis 1946. Viele in Fußeisen geschlossene Sträflinge vegetierten in Zellen und Verliesen. Auf der Teufelsinsel waren politische Gefangene untergebracht, auf St. Joseph Schwerverbrecher, auf Royale und dem Festland in St. Laurent am Fleuve Maroni andere Häftlinge, insgesamt 6000. Die Funktionäre ließen sich von ihnen Villen bauen, Gärten und Straßen anlegen. Die Sterblichkeitsrate war so hoch, daß man von der „Guillotine sèche" sprach. In derselben Bucht, in der die Seebegräbnisse stattgefunden hatten, badeten wir trotz Papillon und des manchmal trübbraunen Wassers, ohne je von einem Hai belästigt worden zu sein, mußten aber kräftig gegen die Strömung anstrampeln.

Die Mauer des Schweigens wurde durch die „Affaire Dreyfus" gebrochen. Jener französische Offizier war wegen angeblichen Landesverrats 1894 auf die Teufelsinsel verschickt worden. Nachdem aber Zola 1898 öffentlich für ihn eintrat und seinetwegen die Liga für die Verteidigung der Menschenrechte gegründet worden war, wurde er 1899 begnadigt, 1906 freigesprochen und rehabilitiert. Am Nordende der Insel erinnert die „Bank des Dreyfus" an sein Leiden.

Die Zerstörung der Gebäudereste durch die Pflanzenwelt schreitet rasch voran, und von den Wandmalereien der Verbannten verbleiben dem Besucher nur noch Postkartenreproduktionen.

Auf der Ile St. Joseph hat die „légion étrangère" ein Erholungslager, nahe dem Friedhof mit dem Grabstein von Papillons Freund, auf dem die Hand mit Schmetterling noch zu erkennen ist.

Die Inseln gelten als Touristenattraktion und Anglerparadies für Schwert- und Sägefisch, Rochen und Großbarsche; Wasserschildkröten von 800 Kilo sind keine Seltenheit. Sie suchen zwischen April und Juli die Ile St. Joseph zur Eiablage am einzigen schmalen Sandstrand auf.

Auf den Eilanden leben keine giftigen Tiere; sie sind bevölkert von kleinen, wie hochbeinige Spanferkel aussehenden Nagetieren – Aguti – und den Blattschneiderameisen – Attini. Die Agutis können ohne Anlauf 6 Meter weit springen, sich in Gewässer stürzen und wie die Ziegen klettern. Wegen ihrer Gewandtheit sind sie schwierig zu erjagen, aber sehr begehrt, denn ihr Fleisch übertrifft an Wohlgeschmack jegliches Wildbret.

In unendlichen Heerzügen schleppen die Attini 2 Zentimeter große Blattstückchen – eine Ameise schafft bis zu 3000 am Tag – in ihre unterirdischen Pilzgärten, die bis zu 2 Meter tief und 100 Meter breit sind. Ein Attavolk bewegt für die Anlage an die 300 Kubikmeter Erde. Als wir unachtsam mitten in einen wandelnden Wald traten, wurden wir postwendend durch eine Rheumakur mit Ameisensäure „belohnt". Hopsend entrannen wir der verteufelten Straße.

Täglich spie die pünktlich um 0930 Uhr von Kourou eintreffende Fähre am Schwimmanleger Passagiere aus, die nachmittags um 1517 zur Rückfahrt herangepfiffen wurden. Einige Gäste verbrachten ihren Urlaub in dem einfachen Hotel auf der Ile Royale mit herrlicher Sicht auf die Nachbarinseln und delikaten, französischen Küchenspezialitäten, für deren Nachschub ebenfalls die Fähre sorgte. Neben dem Gasthaus nahe dem Leuchtturm steht eine Infrarot-Beobachtungsstation für Projektile, die zu dem Riesenkomplex des guyanesischen Raumfahrtzentrums gehört, einem weiteren Anziehungspunkt, der Besucher in diesen Erdteil lockt.

Für uns ganz neu und interessant war die Begegnung mit den Fremdenlegionären. Paul, ein Landsmann, den wir über Amateurfunk kennengelernt hatten, verschaffte uns Einblick:

„Mit 800 Mann sind wir in Kourou untergebracht."

Das Städtchen liegt am gleichnamigen Fluß mit einem kleinen Hafen kurz vor der neuen, niedrigen Straßenbrücke, über die der Verkehr der drei Guyanas rollt.

„Der Ort lebt von zwei Einnahmequellen", fuhr Paul fort, „der Fremdenlegion und dem Centre spatial. Ende der sechziger Jahre unter schwierigen Umständen aus dem sumpfigen Untergrund gestampft, ist es heute die modernste Siedlung in Französisch Guyane. An diesem Projekt waren wir Legionäre stark beteiligt, so wie wir auch gerade dabei sind, die einzige Straße nach Brasilien über Regina hinaus in den Urwald zu hauen – mit veraltetem Gerät, das, immer wieder repariert, von neuem zu Bruch geht."

Sollten wir uns in die Brust werfen, daß viele unserer Landsleute bei dieser Pionierfron mitmischen? Wir wissen nicht einmal, ob der von dem Bekannten angegebene Name sein richtiger ist.

„Wer in die Truppe eintritt, wird kurzgeschoren und bleibt anonym, bis es ihm nach 5 Jahren Dienstzeit freigestellt wird, seine ursprüngliche Identität wieder anzunehmen. Jeder Anwärter wird auf seine Vergangenheit hin genauestens durchleuchtet; Supergangster finden kein Versteck. Die ersten Jahre sind unerbittlich, wenn auch Überseezulagen und Beförderungsvorteile die Schärfe mildern. Einmal verpflichtet, bist du der knochenharten Behandlung ohne Pardon ausgeliefert; die ‚Innere Führung' findet nur im Saale statt, und Deserteure werden rücksichtslos zur Raison gebracht. Belohnung? Für die Dienstleistung winkt die französische Staatsbürgerschaft mit allen Privilegien, die einem Soldaten in diesem noch patriotisch denkenden Land zustehen – den Pensionären in Deutschland würden ob der gebotenen Großzügigkeit die Augen übergehen."

‚Ariane' heißen die Satellitenraketen, bei denen in Zusammenarbeit mit 9 anderen europäischen Ländern die Deutschen mit rund 20% ebenfalls ihre Hände im Spiel haben. Der Versuch, einen weiteren geostationären Satelliten zu den im Raum hängenden ca. 150 hinzuzufügen, fiel Anfang 1980 buchstäblich ins Wasser. Ort der Szene war die Abschußbasis 15 Kilometer westlich von Kourou. Günstiger als Cap Canaveral am Äquator gelegen, wird wegen der höheren Erdumdrehungsgeschwindigkeit weniger Treibstoff benötigt.

Verstört meinte Karin: „Der Gegensatz zwischen futuristischer Technik und der urweltlichen Umgebung ist ungeheuerlich."

Lehmhütten mit Blätterdach am morastigen Dschungelrand in Wurfweite modernster Elektronik – die ganze Küstenstraße entlang das gleiche Bild.

Den Optimismus unseres Begleiters durch die menschenleeren Kontroll-, Meß-, Meteo- und Abschußzentralen – auch er konnte uns nicht sagen, wieviel PS der „Große Wagen" hat –, bestätigte der nächste, erfolgreiche Raketenstart.

Wieder auf See, rechneten wir Koppel und kamen so sicher, wie ein Wallach nur Onkel werden kann, zu dem Ergebnis:

„Den 400 Seemeilen nach Belém ist bei den bisher erlebten Wetter- und Strombedingungen unter Segel und mit unseren 230 gebunkerten Litern nicht beizukommen."

Zwischen Cayenne und unserem Ziel gab es jedoch nichts, was uns dieselträchtig erschien.

Cayenne läuft man am besten nur kurz vor Hochwasser an; abwärts waren wir zu spät dran, saßen fest und mußten die Flut abwarten. Im alten Westhafen am L-förmigen, halbzerfallenen Anleger gab es keinen Treibstoff. Der schmuddelige Ort bietet wenig, außer dem kleinen, altmodischen Museum. Besonders beeindruckend fanden wir die dort aufbewahrten Originalgemälde eines ehemaligen Sträflings, erschütternd in ihrer primitiven, drastischen Aussagekraft.

Bei der 2 Seemeilen flußaufwärts stationierten amerikanischen Fischerflotte war kein Faß zu bekommen. Blieb als Ausweg zur Dieselbeschaffung nur Dégrade des Cannes am Fleuve Mahury an der Südostseite der Ile de

Cayenne, das eigentlich nicht von Yachten angelaufen werden soll.

Wir hielten uns an die 10-Meter-Linie, kreuzten am befeuerten Felsen L'enfant Perdu vorbei, schlugen Haken wie ein Hase auf der Flucht und rissen die 30 Seemeilen bis zu den, dem Mahury vorgelagerten Iles Remire, in 5 Tagen ab. Begannen unsere Rekorde im Dauersegeln auf kleinstem Raum uneinholbar zu werden? Den Permaschlaf der Maschine sahen wir hiernach als beendet an.

Um die Tide abzuwarten, ging das Eisen am Nordwestende der Insel Le Père auf Grund. Zwischen dieser und La Mère verläuft das gut markierte Fahrwasser.

„Guck mal genau hin", deutete ich nach Osten, „erkennst du Les Mamelles?"

Es fällt nicht schwer, die Inselgruppe optisch und geistig miteinander zu verbinden.

„Oh, diese Franzosen!"

Dégrade des Cannes ist Guyane's Handelshafen. Am nördlichen Flußufer, 3 Meilen oberhalb der Mündung, besteht er aus einer 600 Meter langen Kaianlage. Kleine brasilianische Küstenfrachter löschten, wie schon in Paramaribo, ihre Ladung: Kaffee, Tonwaren, Kaimanhäute und Früchte.

„Zurück schmuggeln sie bestimmt auch ein bißchen Whisky."

Die flachgehenden Holzschiffe mit Klipperbugverschnitt und Rundheck sind farbenprächtig bemalt; Gaffeltakelung und Knattermotor gehören zur Ausrüstung. In dem hohen Hüttenaufbau schläft die zahlreiche Besatzung in quergespannten Hängematten. Obendrauf sitzt ein putziger Dampfschiffschornstein plus Leiterchen, Zeugen des kindlichen Spieltriebs dieser Bootsleute und ihrer Liebe zum Detail. Da sie Experten auf den Küstenstrecken sind und von klein auf alle Winkel kennen, erhofften wir uns wertvolle Ratschläge. Sehr interessiert ließen sie sich von uns eine Seekarte erklären. Andächtig suchten sie nach bekannten Namen und Orten, ohne uns allerdings anhand der für sie abstrakten graphischen Darstellung Hinweise geben zu können.

Der Koch des deutschen Containerschiffes ‚Jörg Kröger' besuchte uns an Bord und begutachtete die Pantry mit Kennerblick. Er hatte die richtige Nase dafür, was der verwöhnte Gaumen im Ausland entbehrt, und versorgte uns mit köstlichem Schwarzbrot, Senf und Pflaumenmus. Auch warnte er uns:

„Bleibt abends nicht im Schein der Kailaternen, der Flügelstaub gewisser großer Falter verursacht schlimme Hauterkrankungen."

Am Steg hat die maritime Gendarmerie Nationale einen ihrer Stützpunkte. Von unseren vorhergehenden Aufenthaltsorten her waren wir gut bekannt. Kaum hatten wir unsere Sorgen dargelegt – „pour l'amour de Dieu, cinq jours de les Iles du Salut – fünf Tage von den Iles du Salut?! ..." –, rissen sich gleich drei Beamte für uns die Beine aus. Diesel wurde von einem Händler angeliefert, das ölige Naß ins auf Deck verzurrte Faß – ein Anblick, der jeden Segler erschauern läßt – umgefüllt, die Kieltanks aufgetoppt und wir mit „bon voyage" auf die Fahrt geschickt.

* * *

Auf dem Wege nach Belém, dem Tor zum Amazonastiefland, begrüßte uns der Rio Amazonas weit vor seiner Mündung sehr ungnädig. Im brackigen Wasser von Cabo Orange, dem nordöstlichsten Punkt Brasiliens, hatte uns der Wind verlassen und dazu verleitet zu motoren. Sogleich warf uns Poseidon einen Stecken in den Verstellpropeller.

Wegen des dunkelbraunen, trüben Wassers konnten wir nichts tun und hielten von der Küste ab auf die freie See. Ein kurzer Tauchgang offenbarte: Die Schraube heischte wie ein krummes Fragezeichen nach tätiger Antwort. Die Blätter mußten ausgetauscht werden. Wir waren weit ab von jeder Zivilisation, die uns einen, wenn auch noch so wackeligen Slip hätte bieten können.

„Unter Segel allein erreichen wir unser Ziel in absehbarer Zeit auf keinen Fall", schrappte Karin meine empfindliche Seglerwürde an.

Wiederholt füllten wir die Tauchflaschen und brachten es fertig, in den nächsten vier Tagen bis auf die Breite von Cayenne zurückversetzt zu werden und im relativ hohen Schwell Werkzeuge und auch Propellerstücke teils aus fettigen Händen, teils aus vom Unterwasserbewuchs zerrissenen Taschen zu verlieren.

„Sakrasapristi" und treffendere Ausdrücke blubberte ich wütend in mein Atemgerät, deren Sinn meine Leidensgenossin von den aufsteigenden Blasen ablas und mit rollenden Augen hinter ihrem Maskenglas kommentierte. Ein Schiffshalter beobachtete neugierig unser angestrengtes Puzzlespiel.

Schließlich paßte auch der Originalersatz nicht, aber mit Feilen und Hämmern knallten wir den Quirl so zusammen, daß wir eine Geschwindigkeit von 2 Knoten herausholten. Das war gerade genug, um von dem Nordweststrom nicht vertrieben zu werden, kostete jedoch doppelten Sprit.

Auf diesem Törn zerpflückte außerdem eine Bö das Vorsegel, brach zweimal die Leitung zum Öldruckanzeiger und besudelte den Motorraum mit heißer Schmiere, war das Echolot zu reparieren, und wir suchten mit steigender Freude nach Gründen, warum sich ständig Luft im Treibstoffilter sammelte, die Navigationslichter nicht mehr brannten, die Seewasserpumpe und der Petroleumherd verstopften.

Dazu Karin: „Den Daheimgebliebenen würde mit aller Gewalt die Illusion geraubt, die sie sich gemeinhin von einer Segelpartie machen."

Zu guter Letzt barst ein Antennenisolator und fetzte ins zweite Vorsegel, das wiederum „krscht" machte. Wir riggten Ersatz; damit war der Sender nicht einverstanden und gab seinen Geist auf. Alle Freunde, die regelmäßig deine Stimme gehört hatten, fingen an zu fragen, ob du noch schwimmst oder bereits abgesackt bist. Du vermagst zwar den Mund aufzumachen, aber nicht zu sagen, daß du im Gegensatz zu deinem Radio noch nicht zusammengebrochen bist und nur mitlauschen kannst.

Unser Treibstoff ging zur Neige, und wir überlegten bei spiegelblanker See, ob wir nicht den Amazonasplan aufgeben sollten. Da erschien – deus ex machina – ein brasilianisches Fischerboot, das einzige, das wir seit Verlassen der Küste trafen, und zwanzig hilfreiche Hände wechselten 200 Liter Diesel gegen 2 Liter Whisky ein. Kaum waren die Fischer außer Sicht, erhob sich eine herrliche Brise aus Nordost und blies uns über den Äquator bis zum Mündungsdelta.

200 Seemeilen erstreckt es sich zwischen Cabo Norte und Salinopolis, unserem Landfall. Durch die Ilha de Marajó, die so groß ist wie die Schweiz, ergeben sich zwei Hauptzufahrten. Der Nordwestzugang weist ständig sich verändernde Flachstellen auf, die dann gefährlich sind, wenn die berüchtigte „pororoca" auftritt. Diese große Flutwelle kann um die Springzeit herum in Tiefen bis zu 7 Metern entstehen und reißt unter dröhnendem Gebrüll bei einer Geschwindigkeit von 10 bis 15 Knoten alles mit sich.

Die Südostzufahrt bildet der Rio Pará, den wir längs der 20 Meter Tiefenlinie, kenntlich durch die äußere Begrenzung des Brackwassers, anliefen und mit der Flut zwischen den Sandbänken in finsterer Nacht hinaufsegelten. Leuchtfeuer, Radar und Echolot halfen dabei, der starken westlichen Stromversetzung im 35 Meilen breiten Mündungstrichter zu begegnen.

Der günstige Ostwind mit Stärke 5 hielt an. Am nächsten Tag warfen wir vor dem Iate Clube do Pará am Rio Guamá Anker.

Die Abenteuerlust, den Amazonas auf eigenem Kiel zu befahren, wurde vor einigen Jahren bei einer Segeltour auf dem Niederrhein geweckt.
„Komm, wir stellen uns mal vor, wir wären ganz allein und all die Schornsteine Bäume", träumte ich laut.
„Pfundig", begeisterte sich Karin, „die Autos wären wilde Tiere und die Flugzeuge bunte Vögel!"
Wen wundert es, daß ich mir beim zweiten Teil des Satzes die Ohren zuhielt?
An wenigen Stellen ließ der vielbesungene Fluß die ursprünglichen Naturschönheiten erkennen, so bei den spärlich belassenen Altrheinarmen. Ansonsten eingedeicht zwischen hohen Dämmen, umsäumt von Mauern, Straßen, Fabriken, floß, was einmal blau gewesen sein soll, schmutzig und vergiftet als Schiffsverkehrsader durch das verschandelte Land.
„So breit ist der Amazonas, daß man von einer nicht die andere Seite erblickt; der Wald so abgeholzt, daß um den Bestand dieser Sauerstoffquelle zu bangen ist; so einsam und verlassen, daß kein Mensch zu sehen ist; nicht auszuhalten, so heißfeucht; soviele gefährliche Tiere gibt es, daß niemand ins Wasser mag, und Myriaden von Insekten zum Graulen."
Da können einem wohl die Haare zu Berge stehen.
Wie sieht die Wirklichkeit aus? Uns hat es gereizt, den Sagen und Geschichten nachzuspüren. Um es vorwegzunehmen: in manchem haben wir die Schwierigkeiten unterschätzt, vor allem, was die Fahrt mit einem Segelboot betrifft, das hoffnungslos untermotorisiert ist.

* * *

Der Eingang in die Wildnis ließ sich denkbar zivilisiert an. Von den Mitgliedern des Belémer Yacht Clubs wurden wir herzlich aufgenommen.

„Wir sind ja kein reiner Segelverein", empfing uns der Commodore, „nasse Füße holen wir uns an der Bar; gesellschaftliche Ereignisse mögen wir lieber als Seekrankheit."

Er lud uns ein, solange wir wollten zu bleiben und über Schwimmbad, Duschen und das ausgezeichnete Restaurant frei zu verfügen. Gratis gab es dazu Rollschuh-Discomusik, die Tag und Nacht ohrenbetäubend „Upside down" über den Fluß plärrte.

Der Ankerplatz war nicht sehr sicher. Flut und Ebbe liefen bis zu 4 Knoten, und der Tidenhub betrug über 3 Meter. Nicht nur kleinere Boote, sondern ganze Schubverbände zwängten sich zwischen den Moorings hindurch.

Die Schraube zu reparieren war die zwingendste Aufgabe. Deshalb ließen wir das Heck trockenfallen und paßten die verklemmten Stücke im knietiefen Schlamm neu zusammen. Das Ergebnis befriedigte nicht hundertprozentig, weil die Schaltung zu schwer ging.

„Wenn wir damit bloß keinen Ärger kriegen", unkte die Crew hellseherisch.

Dagegen konnten wir den kaputten Teil des Radios ersetzen und versichern:

„Roger, in alter Frische wieder auf Frequenz."

Von der Polícia Federal, der Einwanderungsbehörde, erhielten wir anstandslos eine Aufenthaltsgenehmigung, die nach drei Monaten um ein Vierteljahr verlängert wurde. Wir rechneten, vor Ablauf dieser Frist in Kolumbien zu sein. Bei der Capitanía dos Portos händigte man uns einen Passe de Saida aus; dieses Papier wird auch innerhalb Brasiliens benötigt.

Die Stadt Belém (Bethlehem) mit rund 600 000 Einwohnern ist die Hauptstadt des Staates Pará (Fluß). Ihre

Patronin ist die Jungfrau Maria, zu deren Ehren im Oktober jeden Jahres die größte brasilianische Prozession stattfindet. Wir waren Zeugen, wie Tausende bei diesem Cirio- (Kerzen-) Fest durch die Straßen zur Basilica Nossa Senhora de Nazaré zogen. Die Gläubigen trugen ein langes Seil und brachten Symbole ihrer Leiden und Nöte, Beine aus Plastik oder Holz, ein Auge oder Haus zur Heiligen. Rund 93% der Bevölkerung Brasiliens sind römisch-katholisch; es gibt keine Staatsreligion, die Verfassung sichert allen Glaubensfreiheit zu.

Das Stadtbild wird von vielen Hochhäusern geprägt, die, wie überall auf der Welt, als Zeichen des Fortschritts und wachsenden Selbstbewußtseins gelten.

Carlos, kurz vor seiner Pensionierung intensiv mit dem Bau eines Trimarans beschäftigt, erläuterte uns:

„Das alte Belém verfällt bis auf wenige Restaurationsbemühungen. Hinter der vorgehaltenen Hand erzählt man sich, daß reiche Südbrasilianer alte Gebäude aufgekauft und alles, was wertvoll war – Hölzer, Messing, Bronze, Schmiedeeisen – mitgenommen haben, einschließlich der Marmorplatten, mit denen die Straßen gepflastert waren. Heute verschönen nur noch große Mangobäume etliche Avenidas. Kinder holen mit an Steine gebundenen Schnüren die Früchte herunter und verkaufen sie auf der Stelle. Eine unterhaltsamere Beschäftigung, als zur Schule zu gehen, verdade?"

Lebhaft geht es täglich auf dem Markt Ver-o-Peso (Beachte das Gewicht) zu. Die typisch geformten, zum Teil gaffelgetakelten Boote aus der nahen und weiteren Umgebung liefern ihre Waren an: tropische Früchte, Flechtwerk, Mais und Heilkräuter. Ein buntes Flohmarkttreiben mit nützlichem oder weniger brauchbarem Tand, von Indios hergestellte Webwaren, Kleidung und dazu überall Fischstände vermögen das fotografische Auge und die Geruchsnerven vollständig zu befriedigen.

Nicht weit davon hat das deutsche Konsulat seinen Sitz. Die Konsulin hatte unsere Post aufbewahrt.

„Hier oben in Nordbrasilien gibt es nicht soviele Deutschsprechende wie im Süden", lächelte sie hintergründig und drückte uns aufmunternd portugiesische Übungslektüre in die Hand.

Einen faszinierenden Anblick bot der kurzzeitig ausgestellte Indiofederschmuck in den Vorräumen des versperrten Museu Goeldi, wie wir ihn in dieser Vielfalt auf unserer Reise nicht mehr sehen sollten, genauso wie einige im angegliederten Zoo gehaltene Tiere der Region, die in ihrem Lebensraum viel zu scheu sind, als daß sie dort in Ruhe zu studieren wären. Eine einzigartige Züchtung grast auf der Belém gegenüberliegenden Ilha de Marajó: ein Rind, das aus portugiesischen Tieren und indischen Büffeln gekreuzt wurde.

Ihre Weidegründe – weite Grasflächen, umgeben von dichtem Wald – haben wir in einem gecharterten Flugzeug überflogen. Hierzu mußte ich als verantwortlicher Flugzeugführer eine schriftliche Prüfung beim Ministério da Aéronautica in Portugiesisch! ablegen.

„Porqué – warum, die internationale Fliegersprache ist doch Englisch und außerdem, die Kiste hat gar kein Radio?"

„Esta igual – egal, Vorschrift ist Vorschrift."

Die Auskunft kam mir bekannt vor.

Wir gewannen einen Einblick in die schier grenzenlose Ebene, die sich wie ein mit Mustern durchsetzter Teppich unter uns erstreckte.

„Einmal ausgelaufen in die Unendlichkeit der braunen Wasser im grünen Meer", murmelte Karin abschätzend, „werden wir uns klein und unbedeutend vorkommen und hoffentlich nicht in der Vielfalt der Inseln und Inselchen verlieren!"

* * *

„Ist das offene Meer nicht furchtbar gefährlich?" werden wir oft gefragt, und unsere Antwort darauf lautet:

„Wir haben uns auf hoher See stets viel sicherer gefühlt als in Küstennähe. Außer durch einen Hurrikan, bei dem jedes Gleichnis versagt, kann einem stark gebauten und gut geführten Boot kaum etwas zustoßen, was bis an den Lebensnerv geht. Anders ist es an der Küste mit ihren Untiefen, Strömungen und Unwägbarkeiten."

Die Unsicherheiten einer Flußfahrt bewerteten wir noch höher, denn da gibt es statt einer gleich zwei Küsten, die eine Verdoppelung der Risiken darstellen. Auf gezähmten Flüssen allerdings ist alles bestens geregelt und jede Information erhältlich, ob es sich um den zentimetergenauen Pegelstand oder schiffahrtstechnische Angaben handelt.

Konnten wir damit rechnen, in Belém detaillierte Auskünfte über den Amazonas zu bekommen? Nun, wir hatten zumindest erwartet, wenigstens einiges Wissenswerte zu sammeln. Das Ergebnis war mager.

In der Marinebasis Val-de-Cães erstanden wir ein Dutzend zehn Jahre alte Karten, teilweise in Fotokopien. Später stellte sich heraus – Kreuzhimmel noch mal, warum hatte ich es nicht sofort nachgeprüft? –, daß Zwischenstücke wegen geänderter Numerierung fehlten und bei gleicher Maßstabsangabe die Entfernungen differierten. Wir waren sehr enttäuscht, denn wir wußten, wie genau das brasilianische Seekartenwerk sonst war. Erkundigungen bei der Capitanía und den Flußschiffern verliefen ebenso erfolglos. Indessen blieben uns zwei Veröffentlichungen, die wir an Bord hatten: ein britisches Seehandbuch und ein Satz der uns gut vertrauten, hervorragenden WAC (World Aeronautical Charts) Fliegerkarten 1 : 1 Million, natürlich ohne Tiefenangaben, der leider vor der Westgrenze Brasiliens endet.

Allem kann man nicht vorbeugen. Lasen wir in Europa

medizinische Abhandlungen, befiel uns sogleich die Krankheit je nach Intensität ihrer Schilderung.

„Man muß ja hypochondrisch werden, hört man, was der Urwald alles bereithält", stöhnte Karin. „Wir treffen aber nur die wichtigste Prophylaxe gegen Pocken, Gelbfieber, Typhus, Cholera und Tetanus. Hepatitis, Elephantiasis und Lepra werden wir schon umschiffen."

Jede Woche schluckten wir eine Mini-Malaria-Tablette Daraprim. Das in Deutschland gekaufte Resochin ließen wir im Schubfach, denn davon müssen zweimal wöchentlich zwei Maxi-Pillen eingenommen werden. Die einheimischen Ärzte ziehen vor, daß man gar keine nimmt, denn gegen eine Art von Erregern schützen sie nicht voll, gegen eine andere überhaupt nicht. Die Diagnose ist einfacher und schneller ohne. Dagegen glauben manche an ein anderes Wundermittel:

„Lutscht Bonbons in allen Geschmacksrichtungen, die schützen gegen Malaria."

2. Kapitel

Zwischen Wald und Weiden (Amazonas)

Santarém – Manaus

Wohl ausgerüstet, das Dieselfaß an Deck voll bis an den Rand, mit Konserven, frischem Weißbrot, Eiern und Gemüse versehen, gingen wir am 23. Dezember 1980 ankerauf. Heiligabend feierten wir mit der Deutschen Welle und der 8. Symphonie des geliebten Anton Bruckner unterm Weihnachtsbäumchen. In Belém hatten wir sogar Lebkuchen bekommen, die knautschten wir, schmatzend die Generalpausen der Musik füllend. 46 Meilen von dort entfernt, in der stillen Ensenada do Mata Fome, unterhalb des Zusammenflusses des Rio Pará und Rio Tocantins war die erste von unzähligen Ankerstellen in unmittelbarer Nähe des Dschungels – und die Papageien krächzten: „Leise rieselt der Schnee."

„Was ist denn an unserem Vorhaben, bis nach Iquitos zu reisen, Besonderes? Jeder weiß, daß große Ozeandampfer dorthin gelangen können", sinnierte Karin.

„Na hör mal", entgegnete ich ungehalten. „Im Unterschied zu uns haben diese einen Lotsen und Klimaanlage an Bord; sie suchen die tiefste und damit sicherste Fahrrinne auf, sind aufgrund ihrer Größe weniger durch Treibgut gefährdet und brauchen keine Strömung zu berücksichtigen. Sie laufen mit einer Geschwindigkeit, an die wir nicht einmal unter vollen Segeln zur Hälfte heranreichen und das tags wie nachts."

Wir waren nur zu zweit; einer mußte ständig Ruder gehen, um jeden Windhauch und den schwächsten Gegenstrom zu nutzen.

Die flachgehenden, einheimischen Personen- und

Frachtschiffe, obwohl mit hohen PS-Zahlen, wählten ebenfalls den Pfad des geringsten Widerstandes und verwendeten bei Dunkelheit grelle Scheinwerfer, um sich zu orientieren. Die gut aufeinander eingespielte Mannschaft – auch kleinere Schiffe hatten einen Maschinisten, der auf Klingelzeichen den Motor bediente – beschränkte sich auf ihre Hausstrecken. Trotzdem bohren sich viele dieser an sich aus festem Holz gebauten Schiffe in den Grund, weil sie mit einem piranheira (untergetauchtes Hartholz) zusammenprallen.

Wir marschierten nur tagsüber, die Nächte gehörten der Erholung, auf seichten Stellen und Sandbänken ankernd, anders als die hiesigen Boote, die ausnahmslos den Vordersteven auf die Böschung schoben.

Ich versuchte, Karin zu überzeugen: „Für uns ist das ungeeignet, weil ich fürchte, uns mit den Kielen festzufahren und das Baumgeäst mit dem Mast zu verbiegen. Zudem sind wir, hinreichend vom Ufer entfernt, nicht so stark durch Ungeziefer und sonstige schlimme Tiere bedroht."

Das zog, aber immer war Ankern nicht der Weisheit letzter Schluß.

Mehr als 2000 Meilen lagen vor uns. Die nautischen Meilen entsprechen übrigens nicht dem internationalen Übereinkommen, Entfernungen auf Binnenwasserstraßen in Kilometern anzugeben. Daran können wir uns als Seebären schwer gewöhnen, und hatte nicht schon Vicente Yanez Pinzón, der Kapitän der ‚Niña' aus dem Geschwader des Columbus im Jahre 1500, an die Mündung verschlagen, vom Mar Dulce, dem süßen Meer, gesprochen?

Für Francisco de Orellana, der 1541/42 von Quito/Ecuador in achtmonatiger Reise mit 60 Männern auf der selbstgezimmerten Brigantine ‚Victoria' über den Rio Napo als erster bis zur Mündung hinabfuhr, auf der Suche nach dem goldenen Land, war es der Rio Mar, das

Flußmeer. Ebenso empfand Pedro Teixeira, als er 1637/39 in umgekehrter Richtung – West – den Strom erkundete.

Dieser Tat voran ging der gescheiterte Versuch des Orellana, den Amazonas gleichfalls aufwärts zu besiegen; unweit der heutigen Stadt Manaus starb er 1546 an Erschöpfung. Er gilt als der Wegbereiter zur Erforschung dieses Stromes und Eroberer Brasiliens. Amazonas (Amaçunu – Wasserwolkenlärm) taufte er den Riesen mit seinen über 1100 Nebenflüssen, von denen mehrere zu den 20 größten der Welt zählen, nach Kriegerinnen, die ihm harte Gefechte lieferten.

Icamiabas, die Männerlosen, hießen diese eingeborenen Damen, die ihre Söhne töteten und Töchter gemeinsam aufzogen, ein Matriarchat par excellence. In der griechischen Sage emanzipierten sich die Amazonen als kämpferisches Frauenvolk; einmal im Jahr pflegten sie mit Männern Umgang zur Erhaltung ihres Geschlechts. Nur Mädchen duldete man und ihnen wurde die rechte Brust herausgebrannt, damit sie beim Bogenspannen nicht hinderte: Amazone bedeutet die Brustlose.

Zur Erklärung der Namensgebung wählten wir eine hübschere Version. Umspielten unser Boot nicht allgegenwärtig die Flußdelphine (Inia)? Mit lautem Schnaufen durchstießen die zwei bis drei Meter langen Tiere die Wasseroberfläche. Sie ließen einen rosafarbenen Rücken sehen. Entwicklungsgeschichtlich gehören sie zu den ältesten Walen. Von jenen unterscheiden sie sich durch den deutlich abgesetzten Kopf und die lange, vorgeschobene Schnabelschnauze.

„Ich glaube", erzählte ich Karin, „daß Orellana die Sage abwandelte und die Delphine als Amazonen und verführerische Nixen – ohne den martialischen Aspekt – in den Tiefen seines Flusses erkannte."

Der Amazonas (6518 km) streitet sich mit dem Nil (einschließlich Quellfluß Kagera 6671 km) zwar um ein paar

Kilometer, ist aber um genau fünf Buchstaben länger und sein Volumen ist ungeschlagen: alljährlich fließen etwa 25% der Gesamtsüßwassermenge der Erde ins Meer. Eine zusätzliche Besonderheit besteht darin, daß trotz der Unmengen von Schwebstoffen im Gegensatz zum Nil keine Mündungsbarren aufgebaut werden. Die Distanz einer Weltumsegelung ließe sich leicht in das Geäder übertragen. Indes, wer gibt sein Leben dran, um diese Theorie zu beweisen?

Uns war klar, daß wir nur einen Bruchteil der immensen Region kennenlernen konnten. Insgesamt hatten wir rund ein Jahr für unseren Aufenthalt vorgesehen und 20 Meilen pro Tag ermittelt. Ich machte zwei dicke Striche unter die 20 Meilen, dem Ergebnis unserer Gehirnakrobatik.

„Wir werden uns die Hände reiben können, wenn wir mit diesem Durchschnitt hinkommen."

„Viel ist das nicht; ein wahres Schneckentempo."

„‚Krios' ist schließlich kein Überschalljäger", streute ich Balsam auf die Wunde und holte mir Trost aus vergangenen Zeiten.

Im Frühjahr 1961 katapultierte mich die F-104 vom Versuchsfeld in der Salzseenwüste Kaliforniens nahe der Pilgerstätte Edwards Airforce Base zum ersten Mal an die obere Grenze der Stratosphäre. Zunehmend beschleunigt, saß ich nach dem Abheben auf dem Strahl, trugen mich die weit hinten am Rumpf angebrachten rasiermesserscharfen Stummelflügel aus der glasig über der Ebene lagernden Dunstschicht.

Der Druck preßte meinen Körper in den Schleudersessel. Fast verschwamm das sich rasend im Uhrzeigersinn überschlagende Messgerät vor den Augen. 15 – 18 – 25 – 30tausend Fuß – in 30 Sekunden. Sachte ging ich in Geradausflug über, 36 000 Fuß oder 12 Kilometer, die

F-104

normale Reisehöhe. Um mich herum sattes Blau. Welcher Farbton würde mich weiter oben erwarten?

Die Geschwindigkeit kletterte: 0,85 Mach, 0,9 Mach, 0,95 Mach. Neuneinhalb Zehntel der Schallgeschwindigkeit, abhängig von Höhe, Temperatur und Wind, benannt nach dem Physiker Ernst Mach. Leichtes Vibrieren zeigte die Nähe der Schallgrenze an, leise zitternde Instabilität. Ein kaum spürbarer Ruck, der Zeiger des Höhenmessers machte einen Satz. Austrimmen. Wir waren durch. Von dem Knall der Stoßwelle, den wir jetzt hinter uns herschleppten, hörte ich nichts.

Chuck Yeager, Testas der amerikanischen Airforce, hatte hier 1947 als Pionier die Mauer durchbrochen. Auf einer Party ergab es sich, daß wir uns kennenlernten und uns herzlich die Hand schüttelten. Sein Raketenflugzeug X-1 stieß den Stachel in die Wand. Es überstand das puffende Herumtorkeln, das für unüberwindbar gehalten worden war und zuvor schon manchen Flattermann in der Luft zerlegt hatte.

„Chuck, ich bin auf deiner Fährte! Dir zu Ehren zünde ich die Kerze an."

Der Nachbrenner trieb mich vorwärts. 1,06 Mach.

„Jetzt bin ich um 0,01 Mach schneller als du damals, Chuck."

1,2 – 1,4 – 1,7. Die Nadel verhält, steigt. 1,8 – 1,9 Mach. Die Zahlen berauschen dich, nicht das Tempo. Die ruhig dahinschießende Maschine vermittelt den Eindruck der Bewegungslosigkeit, weil Bezugspunkte und Fahrtgeräusche fehlen.

Nicht einlullen lassen!

Mach 2,0: doppelt so fix wie der Schall! 2,01 – 2,03 – 2,08: ein rotes Warnlicht blinkt – „Slow – langsamer". Der Sensor weiß warum. Reibungshitze! Trotz -65°C kalter Luft. Siehst du darüber hinweg und preschst voran, verglühst du wie ein Meteor, avancierst zur Sternschnuppe.

Die zweite Phase der Raumfahrt begann. Um von der ersten Etage in die darüber zu wechseln, brachte ich den Knüppel behutsam an den Bauch: 10°, 18°, 25°, 35° aufwärts. Du meinst, bereits senkrecht zu stehen. 40°, 45° – mehr ist nicht drin. Der Anstellwinkel wäre zu steil, das verträgt die Maschine nicht. Sie könnte um die Querachse nach oben schnappen und unbeherrschbar wie ein Stein zur Erde fallen. Sie haben uns Filme davon gezeigt, brrr.

Höhen- und Geschwindigkeitsmesser begannen konträr zu laufen. Das rote Signal erlosch. 38, 41, 45, 48tausend Fuß – der Zeiger kreiste unablässig, wurde stetig behäbiger. Nachbrenner aus. Der Jet und ich zoomten weiter. In einer Parabel näherten wir uns dem Scheitelpunkt. 54, 56, Knüppel vor, 58, 60 000 Fuß oder 20 Kilometer über der Erdoberfläche, minus 4000 Fuß auf Meereshöhe bezogen.

Du hangelst im Randgebiet verdünnter Luft, in dem die

Flamme drauf und dran ist zu verlöschen, die normalen Steuerflächen nichtsnutzig sind und Lenkdüsen vonnöten.

„Dich hatte es erwischt, Chuck, bei deinem Versuch, mit der NF-104 einen Weltrekord aufzustellen. Das Triebwerk ausgeblasen, keine Hydraulik, der Steuerknüppel nur mehr Attrappe. Du bist letztlich ausgestiegen. Nach der Trennung vom Schleudersitz hat der dir glühende Magma ins Gesicht gesprüht. Nicht einmal das hat dich davon abgebracht, die F-104, dieses Luder, genauso zu lieben wie ich."

Ein paar Minuten Schwerelosigkeit: Astronauten-Nirwana. Einen Monat vor Gagarin und zwei Monate vor Sheppard durchlebte ich die Vorstufen ihrer Seligkeit.

Die Gurte hielten mich wie Klammern, aber die Checkliste, eben noch an ihrem Platz, schwebte gaukelnd über dem Instrumentenbrett. Staubteilchen sanken zögernd mit dem Papier nieder, als die Erdanziehung wieder wirksam wurde. Und du freust dich unbändig, daß du einer der ersten bist, die so hoch hinaus können, daß der Horizont sich krümmt, die Kugelgestalt der Erde andeutend, was zwar längst bewiesen ist, dich aber dem Kosmos im Denken und Fühlen ein gutes Stück näher bringt.

Hatte ich den Mond und die Sterne am hellichten Tag gesehen, bevor ich unmerklich in das Indigo zurückglitt? Nicht bewußt, der Gesamteindruck muß sie verblichen haben. Irreale Vision: Ich durfte in einem purpurnen Himmel segeln. Wem war das sonst vergönnt?

„Danke, Chuck!"

Die Wahl der Jahreszeit für unsere Reise trafen wir so, daß wir während der Regenzeit und Schneeschmelze in den Anden (Winter: Dezember bis Juni) aufwärts und in der Trockenzeit (Sommer: Juni bis Dezember) zurückfahren wollten.

„Hierbei müssen wir Kompromisse eingehen", analysierte ich, „denn der Abfahrtstermin bedeutet gleichzeitig, daß der Fluß jetzt anfängt und, bis wir in Iquitos anlangen, noch immer steigen wird. Dort erreicht er seinen höchsten Stand im April/Mai. Wir werden heftig gegen ankämpfen müssen, aber die Höchstwasserperiode größtenteils vermeiden, in der die Strömung auf fünf Knoten wächst. Andererseits öffnet das Mittelhochwasser Wegabkürzungen, die uns trockengefallen verschlossen bleiben würden."

Leider versprach das Handbuch obendrein eine Unannehmlichkeit. Ich zitierte:

„Steigt der Fluß, wird ein Rattenschwanz von Vegetation losgerissen und treibt massenhaft abwärts."

Eine Sache ist es, das zu lesen, eine andere, damit fertigzuwerden. Ausschlaggebend war, daß wir in der Winterperiode auf schlechteres Wetter und damit Wind hoffen durften, denn lediglich im Osten weht es auch im Sommer; die Temperaturunterschiede in beiden Jahreszeiten sind gering.

Der Amazonas führt drei Namen: der Unterlauf heißt Amazonas vom Atlantik bis Manaus, der Mittellauf Solimões von Manaus bis zur brasilianischen Grenze und der Oberlauf Marañón ab der kolumbianisch-peruanischen Grenze bei Leticia. Die drei Zonen der Wasserstandsperioden sind:

Steigend:	Amazonas	Dez/Mai
	Solimões	Nov/Apr
	Marañón	Okt/März
Hoch:	Amazonas	Jun/Jul
	Solimões	Mai/Jun
	Marañón	Apr/Mai
Fallend:	Amazonas	Aug/Sept
	Solimões	Jul/Aug
	Marañón	Jun/Jul

Niedrig: Amazonas   Okt/Nov
           Solimões   Sep/Okt
           Marañón   Aug/Sept

Mit dem Einfluß von Flut und Ebbe konnten wir 500 Meilen weit rechnen und unser tägliches Soll etwas verbessern, wenn wir die Tiden richtig verwerteten.

* * *

Logbuch: 25. Dezember 1980, Donnerstag,
           UTC + 3 Std, Var. 016° W,
           0525 h, Wind Ost 2 Bf, Wolken 8/8, Regenschauer, gute Sicht, 1008 mb, 30°C, rel. Luftf. 81%, vier neuplombierte Skipperbackenzähne.

Die weihnachtliche seelische Aufrüstung hatte unseren Unternehmungsgeist wachgerufen, und am 1. Feiertag waren wir wieder unterwegs. Auf dem Rio Pará ging es zwischen der Banco do Otelo und der Ilha Mandii hindurch, die mit Leuchtfeuern und Bojen gut markiert sind. Kleine Ortschaften auf dem „Festland" und den zahlreichen Inseln säumen die Ufer. Wir ankerten in der südlichen Einfahrt zu den Estreitos (Engen), die im Westen der Ilha de Marajó den Hauptstrom mit dem Rio Pará verbinden. Neben sprunghaften, leichten Winden hatte uns vor allem die Flut bis hierher geschoben.

Für ortsfremde Fahrzeuge wird die nördliche Estreito de Breves empfohlen, da sie zwar länger, aber dafür tiefer ist als die Estreito de Boiuçu, die wir wählten. Die Einfahrten liegen, von Sandbänken umgeben, eng beieinander und sind durch Leuchttürme gekennzeichnet.

Es erwarteten uns 90 Meilen dicht an die Haut gerückte Landschaft, die Furos (natürlicher Kanal, der zwei Flüsse miteinander verbindet) oft gerade einen Steinwurf breit. Kurvenreich schlängelte sich das schmale Band westlich der Ilha dos Macacos (Affen) durch den Urwald und eröffnete wechselnde Ausblicke auf die Uferformationen. Hütten standen geduckt unter dem Blätterdach und Häuschen auf herausgehauener Lichtung, umgeben von Bananen- und Maniokpflanzungen. Davor das unentbehrliche Einbaum mit dem Paddel.

„Das sieht aus, wie die Kelle des Herrn Bahnhofsvorstehers", weckte Karin Kindheitserinnerungen.

„Der Wald dahinter ist aber nicht der aus Grimms Märchen."

Verschlungen in einem Netz von Lianen, sprang Dunkelgrün gegen Oliv, triumphierte neuerstandenes Hellgrün über vermoderndes Graugrün. Von Zeit zu Zeit wurde das vielschichtige Farbenspektrum des Chlorophylls von einem kahlen Baumgiganten unterbrochen, der seine Sonnennähe, oben verbrannt und unten durch die Konkurrenz erwürgt, in einsamer Größe mit dem Tode bezahlte.

Viele Menschen wohnten dort, und geschäftig ging es auch auf dem Wasser zu. In den Einbäumen hockten alt und jung im Vorderteil auf untergeschlagenen Beinen.

„In der Haltung würde ich es keine fünf Minuten aushalten", sagte ich, dem Yoga-Training abhold.

Abwechselnd rechts und links paddelnd, zogen sie das Kanu, ähnlich dem Vorderradantrieb eines Autos, gewissermaßen hinter sich her. Waren sie nicht allein, steuerte der andere Insasse am Heck zwischendurch mit seiner Kelle und flutschte alle naselang mit einer Schale das eingesickerte oder übergekommene Naß aus.

„Sehe ich in Zukunft einen Springbrunnen", ließ Karin ihrer Phantasie freien Lauf, „werde ich an diese Kanus denken."

Boote in allen Größen bis zum Schubverband ruderten, dampften und segelten daher – die rush hour im Busch dauerte den ganzen Tag. Exotische Namen hatte man liebevoll an den Bug gemalt; was machte es, daß S und N gelegentlich in die falsche Richtung blickten?

„Hör mal, wie melodisch die vokalreichen indianischen Wörter klingen", und ich wies auf die Karte: Mututi, Curumu, Ituquara, Pracaxi, Urucuricaia – Inseln des Amazonas, wie Miritiapina, an deren Nordecke wir Silvester traditionell mit Linsensuppe und Würstchen begingen. Als verfrühtes Feuerwerk spektakelte bis zum Einbruch der Dunkelheit auch diesmal eine Papageienschar, durchdringender als bei uns daheim die Spatzen im Kirschbaum. Grün oder buntgefiedert turnten sie an kahlen Ästen.

„Wie hoch und wendig sich die Plapperer in der Luft bewegen, und grundsätzlich paarweise."

„Das stimmt, ich kannte bisher auch nur Aras einsam auf der Stange."

Am 1. Januar 1981 fuhren wir in den Canal do Vieira ein und waren damit im Bett des Amazonas. Zünftig brach ein Donnerwetter los und begoß, begleitet von heftigen Böen, dieses Ereignis. In dichtem Regenschauer rauschte das deutsche Handelsschiff ‚Heidelberg' wie ein Phantom vorbei. Es tutete uns dreimal „Prosit Neujahr" zu. Ob unsere Antwort mit dem kleinen Handnebelhorn verstanden wurde, werden wir wohl nicht mehr erfahren; zweimal haben wir den Frachter, der alle sechs Wochen Manaus anläuft, dort verpaßt.

„Schade, sie hätten uns bestimmt von ihrem Pumpernickel abgegeben", nörgelte enttäuscht der Smutje; der Speichel lief uns im Mund zusammen.

Das Kielwasser überlagerte die von dem Gewitter aufgewühlten, braunen Wogen und wir fühlten uns eine Zeitlang auf die offene See versetzt. Nachdem sich das Unwetter verzogen hatte, fielen nordöstliche Winde in das ausgebaumte Vorsegel.

Hinter der kleinen Ortschaft Gurupá im Süden der gleichnamigen Ilha Grande überquerten wir in einem Inselgewirr die Mündung des bis heute geheimnisumwitterten Rio Xingú. In seinem Unterlauf ist er zu einem 50 Meilen langen und 7 Meilen breiten Binnenmeer erweitert. Für Flußfahrzeuge ist er etwa 100 Meilen schiffbar. Der Wasserstand schwankt nur um 4 Meter; das ist eine der geringsten Pegeländerungen im gesamten Amazonasgebiet.

„Entsinnst du dich an die Nachforschungen des britischen Marineoffiziers George M. Dyott nach seinem Landsmann Oberst Fawcett, der hier in den zwanziger Jahren auf der Suche nach verlorenen Städten verschollen war, vermutlich von Indianern umgebracht?" Ich hatte meine Schulaufgaben in puncto Erkundungsreisen gemacht.

Wir ankerten vor Almeirim, einem Ort auf einer Anhöhe der Nordseite des Amazonas, ostwärts der Mündung des Rio Parú. Das Bild, das sich Klein-Mäxchen vom platten Brett des Amazonasbeckens vorgestellt hatte, bekam einen Riß, denn am Horizont strebten 300 Meter hohe Tafelberge empor, Ausläufer des Guyanischen Berglandes. Im Norden von Almeirim formt der Rio Jari die Grenze Pará-Amapá.

Das gegenüberliegende morastige Ufer ist mehr als 5 Kilometer entfernt; regelmäßig überflutet, gibt es nichts als Wasser und Niederwald. An dieser Stelle ist das Flußbett 45 Meter tief, eine Angabe, die sich wie alle folgenden auf das geringste Niveau von 1959 bezieht. Sechs Jahre früher hatte der Pegel nach schweren Regenfällen ein Steigen von 30 Metern, dem Doppelten des Normalhochs, das in die Annalen als unübertroffen einging.

„Drücken wir die Daumen, daß sich die Katastrophe nicht wiederholt, solange wir in dieser Gegend sind", grübelte ich reichlich egoistisch.

* * *

Unser Kurs führte Westsüdwest an Prainha vorbei, 400 Meilen von Belém. Durch den verminderten Tidenhub von 1 Meter nahm die vorwärtstreibende Kraft der Flut langsam, aber spürbar ab. Der Urwald trat stellenweise zurück. Eine Sumpf- und Wiesenflora und -fauna breitete sich aus. Die dicken, schwarzen Büffel wurden abgelöst von dürrem Vieh. Das Zebu mit seinem Höcker, der Wamme und herabhängenden Schlackerohren ist ein sanftgeduldiges und genügsames Rind. Sein Mist tut mehr Wunder als die Heiligen.

Alles, was sich bewegte, hatten wir enthusiastisch beobachtet.

„Da – ein Wildschwein im Schlamm!" Zappelig deutete ich in Richtung Ufer.

Später stellten wir ernüchtert fest, daß alle Hausschweine so ruppig aussehen und nicht glatt, wie wir sie gewohnt waren. Sie laufen frei durch die gute Stube, über Straßen und Plätze. Hunde, von denen ein bis drei zu jedem Haushalt gehören – in größeren Siedlungen sich selbst überlassen –, sind derart verkommen und räudig, daß es das verweichlichte Gemüt erbarmt.

„Auch die Tierliebe hat zwei Seiten. Für unsere Kläffer", verglich Karin, „gab es nichts Herrlicheres, als aus der pflegenden Zivilisation auszubrechen und sich, obwohl von keinem Floh gebissen, in Dreck und Dung behaglich zu wälzen."

Bei 55° westlicher Länge schwingt der Fluß nach Süden, und sein Lauf nimmt die Form einer Badewanne an, in deren Becken eine ausgedehnte Seenplatte schwabbelt. Dem Rio Xingú ähnlich, ergießt der Rio Tapajós sein grünblaues, klares Wasser von Süden her in den Hauptstrom. Eine deutliche Trennungslinie scheidet beide, bis ein paar Meilen unterhalb der Stadt Santarém der braune Amazonas den Eindringling verschlingt.

Noch waren wir nicht so weit gekommen. Gegen unsere Gewohnheit hatten wir den Anker wegen der reizvollen Ilha do Cuçari um 1500 Uhr fallen lassen; normalerweise segelten wir 8-10 Stunden am Tag. Bevor eine dräuende Wolkenfront die Abendsonne verdunkelte, tat dies ein dichter Schwarm von vierflügeligen Minikreiseln und hüllte das Boot vollständig ein. Der gleich darauf niedergehende Schauer hatte ungeahnte Folgen. Die Insekten suchten auf dem Deck Zuflucht und ließen keinen Quadratmillimeter frei. Eins nach dem anderen verlor auf der naßklebrigen Oberfläche die samtenen Flügel und die Würmchen begannen, in alle Ecken und Winkel, einschließlich der zusammengerollten Segel zu krabbeln. Gegen Kriechgetier helfen unsere Moskitonetze wenig; der Kapitän japste:

„Luken dicht!"

Mit Einbruch der Dunkelheit flirrte, gleißte, blinkte, schimmerte und flimmerte ‚Krios' von der Mastspitze bis zur Wasserlinie, wie durch Zauberhand in ein Gespensterschiff verwandelt. Wir sahen entzückt auf dieses märchenhafte Bild.

„Nun glaube ich fest daran", flüsterte Karin, „daß der Fliegende Holländer wahrhaftig am Amazonas war."

Als sei dieser Extraauftritt für die kleinen Lichtbringer die letzte Bestimmung gewesen, erlosch allmählich das Glühen, und am Morgen erkannten wir: für immer. Zu Tausenden fegten und spülten wir die toten Geschöpfchen über Bord.

Rund 30 Meilen vor Santarém am Ponta do Malcher, in der Mitte des Badewannenbogens, stoppten wir dicht am Ufer. Was wir da in den Wipfeln herumspringen sahen, machte uns ganz aufgeregt. Es war eine Horde ulkiger, zwitschernder Totenkopfäffchen. Nach 9 Jahren hatten wir unserem treuen Gefährten Goffy vor Venezuela sein Seemannsgrab bereiten müssen.

„Wie gern hätten wir mit ihm zusammen seine eigentliche Heimat kennengelernt", sagte Karin wehmütig.

In einer benachbarten Baumgruppe tobten Laubaffen

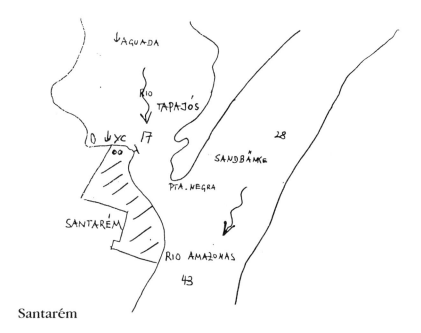

Santarém

von Ast zu Ast. Einer hängte sich mit Füßen und Schwanz an die Spitze eines Zweiges und griff mit den Händen ins Blätterwerk des nächsten Baumes. Über seinen Rücken balancierte, wie auf einer luftigen Brücke, ein niedliches Junges.

* * *

Einen zehntägigen Aufenthalt schoben wir etwa auf halbem Wege nach Manaus in Santarém ein. 500 Meilen hatten wir hinter uns, als wir querab von Ponta Negra den durchsonnten Ort auf der 20 Meter hohen, befestigten Huk erblickten. Längs der von Booten dicht belagerten Wasserfront segelten wir um eine mit Kränen bepflanzten Landungsbrücke und ließen den Anker im seichten Wasser vor dem Iate Clube de Santarém fallen. Eine enge Verbindung besteht mit dem Yacht Club Belém, dessen Mitglieder sich jedes Jahr im Oktober zu der Tapajós-Regatta für Jollen, Katamarane und Windsurfer treffen. Unser Kommen war avisiert worden, und es hieß:

„Nossa casa é a sua – mein Haus sei dein Haus."

Seit in jüngerer Zeit in der Umgebung Gold gefunden wurde, erlebt die Stadt eine Blüte. Davon wollte man uns auch profitieren lassen; nur knapp entgingen wir der Verlockung, als Schatzschiff angeheuert zu werden.

„Setzen Sie sich zu uns", forderte uns Fabião, ein umgesattelter Architekt, auf.

Wir hatten ihm und seiner Tischgesellschaft eine Weile zugesehen, als wir auf der Terrasse eines Restaurants am Wasser saßen.

„Sie machen uns neugierig. Sie hantieren mit Computern und Landkarten. Offensichtlich sind einige von Ihnen Piloten. Was treiben Sie?"

Nachdem wir erzählt hatten, daß wir aus Deutschland und mit unserer Yacht hier seien, war sein Interesse sofort geweckt. Der Bleistift raste übers Papier, die Finger auf dem Rechner.

„Was möchten Sie trinken?"

Selbst wenn ich das Angebot eines puren Aguardente als Beleidigung empfunden hätte, hätte ich sie einfach runtergeschluckt.

„Bier natürlich."

In Brasilien von deutschen Braumeistern eingeführt und verglichen mit amerikanischem Limonadenwasser mit Schimpfnamen „Beer", ein Hochgenuß.

„Diese Karten sind Teil einer Radarerfassung ganz Brasiliens", erklärte Fabião, „die 1975 abgeschlossen wurde. Bodenstrukturen und Einzelheiten des Geländes, Lagerstätten von Mineralien usw.; alles wurde damals aufgenommen."

Ich fragte gespannt: „Hat man dabei auch sagenumwobene, versunkene Städte entdeckt?"

„Não – nein, es ist wirklich nur Legende, es gibt sie

nicht. Então – zur Sache: wie ist der Wechselkurs der Deutschen Mark, wie der Goldpreis in der Bundesrepublik, wann fahren Sie wieder zurück?" prasselten Fabiãos Fragen auf uns herab.

Wir waren verdutzt. Er fuhr fort: „Pois, meine Kameraden hier und ich suchen Gold. Wir sind ein Team von Flugzeugführern, Navigatoren, Geologen und anderen Fachleuten. Methodisch fliegen wir bestimmte Gebiete ab." Seine Armbewegung umfaßte den halben Erdkreis. „Wir verdienen gutes Geld. Ich mache Ihnen einen Vorschlag: Wir könnten noch einen Piloten gebrauchen; steigen Sie bei uns ein. Jeder von uns erhält einen festen Prozentsatz. Wenn Sie wieder nach Hause kommen, können Sie das Gold schmuggeln und finden sicher einen guten Markt dafür."

Das also war des Pudels Kern! Er war schwer zu überzeugen, aber:

„Unseren Goldschatz tragen wir in uns", begründete ich den Verzicht.

Jute und Holz sind die Hauptausfuhrgüter, Eisschränke und Textilien werden hergestellt. Die Jute hat für ganz Amazonien große wirtschaftliche Bedeutung, nachdem sie 1937 von dem Japaner Riota Oyama eingeführt wurde. Die Verkehrsverbindungen sind gut; neben einem Flugplatz für den innerbrasilianischen Dienst und natürlich den Flüssen, verbindet eine Stichstraße die Stadt mit der Transamazónica.

Rückblickend meinen wir, daß es keinen schöneren Ferienort am Amazonas gibt; das Klima ist tropisch mit Temperaturen um 30°C, meistens weht eine kühlende Brise – es regnet nur bei schlechtem Wetter; im Sommer warten großartige, weiße Strände auf Badelustige. Dazu lockt zu Tauchgängen das sagenhaft warme (31°C) und sauber-klare Wasser des Tapajós, in seinem Unterlauf, wie der Rio Xingú, mehr einem See gleichend. Flußschiffe können 150 Meilen bis zu den Stromschnellen fahren. Lohnende Ausflüge führen in die reizvolle Umgebung.

„Wenige Touristen scheinen dieses Kleinod im Urwald in ihrer Kartei zu haben", erwähnte ich einmal im Yacht Club.

„Exacto – genau; dem Stadtsäckel geht es bestens, weswegen man sich mit dem Fremdenverkehr kaum abgibt oder um Besucher wirbt."

Oberhalb der Stadt ist in der Mitte des Rio Tapajós offiziell eine aguada (Wasserstelle) für die Schiffahrt ausgewiesen. Hiervon machten wir keinen Gebrauch, da unsere Trinkwassertanks durch Regen ausreichend gefüllt waren. Im übrigen hätten wir im Notfall nicht gezögert, so wie alle Anrainer, das Wasser des Amazonas zu trinken, mit der Vorsorge allerdings, daß wir es filtern, die Schwebstoffe sich absetzen lassen und Mikropur verwenden würden. Für die Körperpflege, Wäschewaschen und Geschirrspülen benützten wir es sowieso.

„Viele Krankheiten der Bewohner rühren sicher vom gedankenlosen Umgang mit dem Wasser her, obgleich sie von Kindheit an daran gewöhnt sind", bekrittelte ich. „Mangel an Hygienebewußtsein läßt den einen seine Geschäfte verrichten, dicht daneben in Lee schöpft der andere mit der Kokosschale und löscht seinen Durst."

Wäschewaschen war flußauf, flußab die Lieblingsbeschäftigung der Frauen und Mädchen; sie taten es täglich und zu jeder Zeit. Die Hausfrau, von der gleichen Arbeit auf dem Achterdeck aufschauend:

„Wenn ich so an meiner Schüssel hocke und die Pütz hochhieve, fühle ich mich ihnen verbunden."

Nicht etwa Baströckchen und „oben ohne" siehst du, sondern züchtige Kleider, mit denen die Wäscherinnen bis zur Hüfte im Fluß stehen, sich zwischendurch begießen, und die sie nicht einmal zur eigenen Reinigung ablegen.

„Was meinst du", richtete ich die rhetorische Frage an

mein Bikinimädchen, „ob die Leute uns für unmoralisch halten?"

Wir kamen uns zwar in unseren spärlichen Badesachen ziemlich bloß vor, wären aber am Nacktbadestrand inkognito geblieben.

* * *

Logbuch: 22. Januar 1981, Donnerstag, UTC + 4 Std, Var. 013° W, 0800 h, Wind NW 3 Bf, Wolken 8/8, Regenschauer, gute Sicht, 1009 mb, 30°C, rel. Luftf. 79%, einer der vier neu plombierten Skipperzähne war gezogen worden, blieben nur noch drei.

Aufbruch von Santarém zur zweiten Etappe. Zurück in den braunen Wassern, wies der Kompaß nach Nordwest.

Ich entschied: „Die Segel müssen unten bleiben, denn der Gegenwind ist zum Kreuzen zu leicht, und wir haben einen Abschnitt zu befahren, der mit Sandbänken gespickt ist."

Auf den nächsten 40 Meilen bewahrte das Landschaftsbild den Charakter einer konturlosen Grasebene. Rinder, Schafe, Ziegen und Wild!schweine überall.

Tage darauf näherten wir uns der Stadt Obidos. Sie liegt 37 Meter hoch, von 100 Meter aufragenden Hügeln umgeben, an der Nordseite. Nach einer fast rechtwinkligen Biegung, von den barreiras vermelhas (rote Steilhänge) aus seiner nordöstlichen Richtung nach Südosten umgelenkt, zwängt sich der Strom durch seine engste, etwa 1,5 Kilometer breite Stelle; deshalb weicht er nach unten aus und gräbt sich um das Doppelte seiner gewöhnlichen Tiefe ein. Eine 90 Meter Wassersäule entzieht sich der Verstopfung, wogt, wallt und schießt aus der Umklammerung heraus.

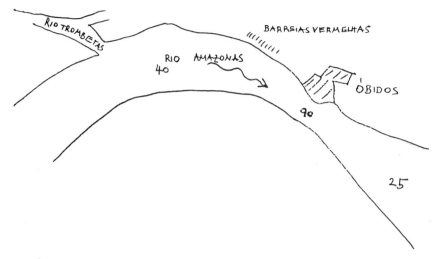

Óbidos

Dies sind für das Landen unterhalb der Stadt ausgesprochen heikle Bedingungen. So waren wir nicht ganz unvorbereitet, als wir hörten, daß ein überladenes Passagierschiff beim Anlegen unterging. Von 500 Menschen konnten nur 180 gerettet werden. Es war die zweite derartige Hiobsbotschaft, die uns während unseres Aufenthaltes am Amazonas bekannt wurde; seinerzeit war eine Personenfähre bei Macapá gekentert.

Ein kräftiger Windstoß pustete uns auf die andere Seite, wobei wir über 1 Meile abgetrieben wurden. Mit Motorkraft tuckerten wir um die Innenkurve. Du atmest auf, wenn du ohne Zwischenfälle eine solche Ecke hinter dich gebracht hast; wir ahnten nicht, daß es uns am Abend noch vom Stuhl hauen würde.

Das Eisen ging 50 Meter vom Land, 2 Meilen westlich Ponta da Costa de Obidos, in 5 Meter Tiefe auf Grund. Routinemäßig wurde – in dieser Reihenfolge: das Deck aufgeklart; der Motor inspiziert; mit der Pütz ausgiebig am Heck geduscht und mit den prustenden Amazonen Zwiesprache gehalten; ein fast kühles Bier (nasse Tücher ersetzten das Eis in der Truhe) geschlürft; der Petroleumherd in Brand gesteckt, wodurch als Nebenwirkung der Hitzekoeffizient in der Kajüte beträchtlich nach oben schnellte und zum zweiten Duschgang trieb; das Amateurradio eingeschaltet, um zu hören, was die Ham-Freunde aus Blumenau, Idar-Oberstein oder sonstwoher zu klönen hatten und unter Kauen und Schlucken über Mikrofon der Alda, dem Karl, Hans und Gerd, Bruno und Herbert I + II Bericht erstattet, so daß deren Alpträume für diese Nacht gesichert waren; draußen mittlerweile stockfinster, nach dem Abwasch weitergeschwitzt und zum dritten Mal geduscht, miteinander geredet, mal von diesem, mal von jenem geschwiegen oder auch nur dagesessen, müde allein bei dem Gedanken, morgen früh rauszumüssen – das alles im Hecht unseres Pfeifen- und Zigarettenqualms.

„Nirgends gibt es milderen Pfeifentabak als in Brasilien", verteidigte ich das Gedünst.

Von diesen Tätigkeiten erschöpft, kroch ich vor dem Maat in die achtere Falle. Halb eingeschlafen, hörte ich Karin mit etwas unsicherer Stimme verkünden:

„Du, wir haben eine Schlange an Bord!"

Daß es im Urwald Schlangen geben soll, glaubten wir unbesehen, denn Karin war in Surinam bekanntlich von einer solchen gebissen worden. Aber auf unserem Boot! Schlaftrunken robbte ich aus dem Bett ins Cockpit.

„Wooo ...?"

Mein Weib stand mit einer Taschenlampe in der Hand und zeigte stumm auf ein Stück Tauwerk am Achterdeck. Im Schein des Lichts bewegte sich dessen Schwanz – oder war es das Kopfende? Da ich zu den Menschentypen gehöre, die eine Tasse Kaffee brauchen, ehe sie hellwach und damit handlungsfähig werden, dauerte es etwas, bis ich die Situation erfaßte.

Als Waffe führen wir eine Machete an Bord, die wir bislang nur hervorgeholt hatten, um sie einzufetten. Nunmehr bot sich Gelegenheit, sie zweckmäßig einzusetzen. Mit der scharfen Spitze piekste ich dem Reptil ins Hinterteil. Wir hatten inzwischen bemerkt, daß sich die vordere Hälfte mit dem züngelnden Maul über einen Meter an der äußeren Bordwand fortsetzte. Nichts. Ein zweiter, diesmal kategorischer Stoß; der Imperativ wirkte: das Kriechtier glitt über die Scheuerleiste ins Wasser. Hoch erhobenen Hauptes, mit schlängelnden Bewegungen schwamm es eilends davon.

Uns lachte das Herz im Leibe, diese Lage gemeistert zu haben.

„Wie mag das Viech an Bord gekommen sein?" überlegte ich. „Möglicherweise über die Ankerkette."

Davon hatten wir irgendwo gehört. In dem Fall mußte es von vorne bis zu dem Platz geschlichen sein, von dem wir es verscheuchten.

„Das ist unwahrscheinlich, es ist keine Kriechspur zu sehen."

So wandten wir unsere Aufmerksamkeit dem Heck zu. Dort am Spiegel sind der Windpilot, dessen Ruder wir hochgeklappt hatten, befestigt und Stahlstufen als Notaufstieg – beides nahe der Wasseroberfläche. Uns stockte der Atem.

Im Lichtkegel ringelte sich eine armdicke Riesenschlange von 3 bis 4 Metern Länge um das Gestänge des Wipi. Bewegungslos und verknotet, ineinander um- und rumgewickelt mußten die sichtbaren Körpersegmente Teile eines Ganzen sein. Aus war es mit unserer Selbstgefälligkeit, guter Rat teuer. Während ich mir den Kopf zerbrach, wie der wahrlich gordische Knoten zu lösen sei, schlug Karin vor:

„Das müssen wir unbedingt fotografieren, sonst glaubt es uns kein Mensch!"

Sie hatte die Nerven – ich die Verantwortung. Fotografieren!

„Zunächst muß das Ungeheuer von Bord, danach können wir Aufnahmen machen."

In der Aufregung übersah ich wohl, daß es hinterher nichts mehr zu knipsen gäbe.

Alexander der Große hatte den kunstvollen Knoten, der sich an einem dem Göttervater geweihten Wagen des Königs Gordios befand, im Jahre 333 mit seinem Schwert zerhauen und damit den Weg zu seiner Herrschaft über Asien freigemacht.

„Ich bin nicht Alexander, besitze aber ein Hackemesser und bin fest entschlossen, wenn nicht Asien, so doch die Souveränität über unser Hoheitsgebiet zurückzuerobern, falls es sein muß mit Pech und Schwefel."

Ein Dschungelkenner hatte uns zu dieser Methode geraten.

Wir kramten einen Reservekanister mit Diesel aus dem untersten Fach der Backskiste und begossen aus gebührendem Abstand das Untier. Mit überraschendem Ergebnis: Der kleine Kopf, schwer vom Rumpf zu unterscheiden, erhob sich züngelnd und leckte das Öl genießerisch, ohne daß der Rest sich weiter rührte. Das war Pech. Die nächste Probe mit Schwefel – wir verschütteten literweise Benzin – war ebenso ein Reinfall.

Sollten wir Konkurs und Bankrott anmelden? Ich war aufgerufen, zur Waffe zu greifen. Mit Stechen fing ich an, mit Schubsen wagte ich die Eskalation, nach Draufschlagen gab ich auf. Die sprichwörtlich zähe Schlangenhaut war nicht einmal angeritzt. Träge, ohne jede Verteidigungslust, schurrte der Wurm gelangweilt von einer verwickelten Position in die andere, bis, ja bis er das Ruder als Hauptstütze mißbrauchte.

„Jetzt, jetzt", trieb mich Karin an.

Ich löste geistesgegenwärtig die Halterung, das Ruderblatt klatschte ins Wasser. Des Spiels müde geworden, zog die Anakonda den minderen Körperteil nach und verschwand wie ihre Schwester in der Nacht.

Als die Erregung abgeklungen war, tat es uns eigentlich leid, die olivgrauen, mit runden, schwarzen Flecken gezeichneten Schlangen verjagt zu haben, denn es soll Gegenden geben, wo sie als harmlose Haustiere gehalten werden.

„In gereiztem Zustand", gab ich zu bedenken, „können sie ein dem Menschen gefährlicher Gegner sein und dann auch von sich aus angreifen. Und das auf unserer Yacht? Ich bin nicht gewillt, sie mit Vögeln, Nagern, Echsen und Kaimanen zu versorgen."

Von letzteren haben wir ohnehin nur zwei gesehen.

Und Karin beschloß: „Unser Bett ist eh so klein!"

„Mit der Größe unserer Exemplare hätten wir sowieso nicht den Preis in Höhe von 5000 Dollar gewonnen, den die New Yorker Zoologische Gesellschaft für den Fänger einer 10 Meter langen Anakonda ausgeschrieben hat", fügte ich hinzu.

„Wenn wir uns künftig vor solch ungebetenen Gästen schützen wollen, müssen wir den Wipi abbauen, die Stufen mit dem Schweißbrenner beseitigen – und die Ankerkette?"

Schnell verwarfen wir die Erwägungen als unsinnig. Einmal in dieser Gegend, hatten wir mit derartigen Vorkommnissen zu rechnen. So lehrte uns der Amazonas, nicht lange über Dinge nachzudenken, die nicht zu ändern sind.

* * *

Mit frischem, achterlichem Wind ging es zügig an der südlichen Küste entlang. Gegenüber mündete der Rio Trombetas. Er ist bis zu den Stromschnellen 100 Meilen befahrbar. An ihm liegt der Parque Nacional da Amazónica mit dem Hauptquartier in Uruá. Wir bogen in die Paranás des Santa Rita und Juruti ab.

Mit Paraná werden die schmaleren Flußarme bezeichnet, die mit dem Hauptbett und unter sich Inseln bilden. Häufig boten sie Abkürzungen, und man konnte davon ausgehen, daß der Strom in ihnen schwächer lief. An unserer Taktik änderte das nichts.

„Wir sollten uns prinzipiell an die Gleithänge halten. Meist gibt es dort flache Ausbuchtungen, an deren Rand wir uns mit Echolot bis auf 2 Meter Tiefe entlang tasten können", so stellte ich mir das vor.

Immer funktionierte es nicht, denn ab und zu ragten die mit Weiden, Buschwerk und Schilf bewachsenen Landzungen so weit vor, daß sie die Strömung verstärkten. Du findest diese Anhänge ebenfalls an den unteren Enden der Inseln, an den oberen, dem Ansturm des Wassers ausgesetzt, als Sandbänke ohne Bewuchs. Ankerplätze sie alle.

Bisweilen machten wir frühzeitig halt, weil wir bezweifelten, solch eine geeignete Übernachtungsmöglichkeit bis zum Abend noch einmal zu entdecken. Für die stets wiederkehrende Form der Mehrzahl der Inseln fand Karin einen Vergleich:

„Auf der Karte sehen sie aus wie Mandelaugen."

Da jeder Vergleich hinkt, rutschte mir heraus:

„Nur sind sie nicht braun sondern grün."

„Du mit deiner Logik", entgegnete sie, „auf der Ablichtung kann ich bloß weiße erkennen."

Das entsprach dem Sachverhalt, und ich behielt, wie gewohnt, das vorletzte Wort.

Je weiter wir den Fluß hinaufkamen, desto öfter mußten wir die Seite wechseln, auch gezwungen durch harte Tatsachen, denen wir seit der Ilha do Caldeirão, ca. 35 Meilen vor der Ortschaft Parintíns, begegneten.

Ich steuerte, Karin bereitete in der Kajüte das Essen vor. Anfangs in lockerer Formation, zogen Pflanzenreste in

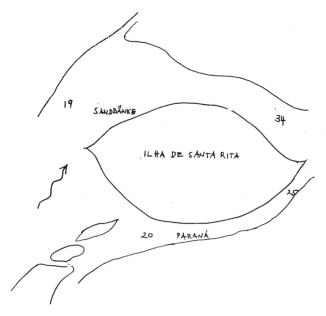

Typische Inselform

der Strommitte dahin, hernach waren es vereinzelte kleine Streifen, die sich ausdehnten, dichter und dichter wurden, dazu Äste, abgebrochenes Strauchwerk. Nun unterschied ich Stämme, Baumkronen im vollen Blätterschmuck, Pfähle, die senkrecht! im Wasser kippelten, und dazwischen langstieliges Schilf, verwoben mit Wasserhyazinthen. Das grüne Zeug drängte uns von Steuerbord stetig näher an den Uferrand, bis ich einsehen mußte, daß uns die Flucht nach vorn verwehrt war. Es so lange versucht zu haben, war töricht, denn die Sonne stand tief, und in diesem schwimmenden Tohuwabohu zu ankern, konnte nichts als eine schlaflose Nacht bringen.

Ich rief den Smutje auf den Plan. Sie sagte etwas von:
„Gleich, einen Moment noch."
„Nicht gleich, sondern sofort – erst das Boot, dann das Brot!"
Aber da stand sie schon auf Deck.

Inzwischen hatte ich eine kleine Öffnung aufgespürt, das Ruder gelegt und war auf Gegenkurs gegangen.

Der Vorschotmann barg hastig die Segel, und wir rauschten mit der Strömung die mühsam erkämpften Meilen zurück. Da uns das Radar wegen der geringen Reflexionsflächen nicht helfen konnte, beeilten wir uns in den letzten Lichtstrahlen der kurzen Dämmerung. Wie später vielmals, gab der Signalgast von vorn Zeichen, wo sie eine Lücke im Dickicht erspähte.

„Korallenriffnavigation auf dem Amazonas!" Ich prophezeite: „Von jetzt an werden wir durch ‚Wald und Wiese' zu lavieren haben."

Der Anker fiel zum 27sten Mal an der Südwestspitze der Ilha de Caldeirão, so spät wie nie zuvor.

„Jetzt hat uns der Amazonas die zweite Lektion erteilt", bemerkte der zum Smutje zurückverwandelte Signalgast-Vorschotmann.

„Und wie lautet die?" fragte ich neugierig.

„Nicht alles, was wir über ihn gehört haben", erwiderte sie, „ist übertrieben, korrekt?"

„Hmm", brummte ich und ersehnte, daß es bei diesem Beispiel bliebe.

In der Folge konnten wir uns an die langgezogene Innenbiegung halten und sahen Parintíns aus der Ferne. Die Route führte durch den Paraná nördlich der Ilha do Mocambo, kreuzte den Hauptstrom, auf dem lediglich vereinzelt Schilfinseln trieben, zum jenseitigen Ufer des weit nach Norden ausholenden Bettes. Wo irgend möglich, nutzten wir die Flußarme, suchten die erfolgversprechendere Seite und machten vor Itaquatiara am Eingang des Paraná do Risco halt. Es liegt gleichfalls auf einer steilen Anhöhe und ist mit Manaus durch eine Straße verbunden, an der eine japanische Gartenbaukolonie angesiedelt ist.

Die Nähe der Großstadt war deutlich spürbar. Die Kanus waren vorwiegend mit Außenbordmotoren bestückt.

Zu Schwimmstegen aus Baumstämmen führten Holztreppen mit Geländer hinab.

„Bald werden wir Rolltreppen sichten", spöttelte ich.

In größeren Orten gab es vielfach Abend- und Erwachsenenbildung. Selbst in den einsamsten Gegenden trafen wir allenthalben Schulen; der Unterricht bis zum späten Nachmittag war allgemein üblich. Einer Puppenbühne ähnlich standen Bänke und Tafel unterm Palmblätterdach und auch dort Uniformen.

„Es ist ein Witz, daß Deutschland wegen eines Uniformfimmels belächelt wird", stellte Karin fest, „scheint es doch eines der ganz wenigen Länder zu sein, wo man weder Schulkleidung noch den gleichen Anzug bei Angestellten in Geschäften, Banken usw. kennt."

„Kommen Sie doch heute abend um 8 Uhr herüber, dann zeige ich Ihnen unsere Klassen", sagte Mariana, ein schmuckes, junges Mädchen, unverkennbar die indianischen Züge, das lange dunkle Haar mit einer rosa Schleife zusammengehalten, die schlanke Figur in flotten Jeans.

„Wieviele Einwohner hat euer Ort, Mariana?"

„Ich schätze 800", antwortete sie. „Das nächste Dorf ist viele Kilometer flußabwärts. Die Kinder gehen gern zur Schule; die meisten paddeln in ihrem Einbaum, oder sie laufen weite Wege. Unter den jungen Leuten gibt es keine Analphabeten. Ich lerne gerade Englisch und möchte einmal Lehrerin werden."

Um einen weiten Hof, in der Mitte das Denkmal des Schulgründers, standen mehrere Steinhäuser. Die durch einen fauchenden Generator hell erleuchteten Räume waren mit Studenten gefüllt. Sie verfolgten aufmerksam Algebra, Physik, Geographie oder Geschichte.

„Englisch ist erst Mittwoch wieder", erzählte Mariana. „Sie sind die ersten Fremden, mit denen ich ein wenig üben könnte. Es besucht fast nie jemand unsere abgeschiedene Gemeinde."

Kleine schwarze Heuhüpfer schwirrten um die Lampen, und Mariana trällerte versonnen vor sich hin.

Die meisten Behausungen standen luftig auf Pfählen, auf denen die Bewohner dem feuchten Übergriff des Flusses zu entkommen trachten, die Wände aus kunstvoll geflochtenen Schilfmatten oder Brettern, wenn überhaupt, dann vorzugsweise in den Farben Himmelblau oder Lindgrün mit Bonbonrosa bemalt. Fein angelegte Vorgärten mit blühenden Blumen, Hibiskus und Bougainvilleasträuchern wetteiferten mit der wuchernden Umgebung. In ausgehöhlten Stämmen auf hohen Stelzen zog man Schnittlauch und Suppengrün, das auch auf den Dächern der Schiffe neben lebenden Hühnern als Proviant mitgeführt wurde. Abseits hingen bis zu drei Meter lange Fische zum Trocknen (bacalhau). Es ist die einzig denkbare Methode, im hiesigen Klima Fisch oder Fleisch ohne technische Hilfsmittel zu konservieren. Darüber wachten die stummen Geier majestätisch als Ordnungspolizei.

Wo immer zwei Häuser zusammenstanden, war das dritte eine Kirche. Größer, schwächer verwittert und frischer gepinselt, mit Türmchen, überragte sie ihre Nachbarn.

„Wen sollen eigentlich die Zäune, mit denen die Kirchen umgeben sind, abhalten?" wollten wir von Padre Humberto wissen.

„Niemanden", lachte er, „sie sollen den guten Geist nicht heraus lassen!"

Andernorts schilderte ich, was ich gesehen hatte: „Auf einer Lichtung stand ein großes Haus ganz ohne Wände –"

„Das ist ein tapiri", unterbrach mich mein gelehrtes Weib.

„– und in der Mitte nichts als ein Bettgestell."

Es war insofern merkwürdig, weil man gemeinhin in Hängematten schläft. Was gibt es Praktischeres? Schnell gewaschen und getrocknet nehmen sie tagsüber keinerlei Platz ein. Kreuz und quer gespannt bieten sie vielen Schläfern Raum. Eine junge Mutter fragten wir, ob denn ihr Baby nachts in der geschnitzten Wiege liege?

„Meus Deus, não, da kommt es in die rede, wo es sicher ist vor allen Tieren!"

‚Fledermausdampfer' nannten wir die recreios (Passagierboote), so dicht nebeneinander klebten die Matten unter der Decke. Bei den auf Schuten transportierten Lastkraftwagen schaukelten die Fahrer darin zwischen den Rädern.

„Ist dir aufgefallen", fragte ich Karin, „daß wir Segelboote seit Parintíns nicht mehr erblickt haben?"

„Ja, vorgestern war ein kleines Fischerkanu das letzte, mit einem Segel, das aussah wie ein von Muttern geborgtes Tischtuch."

Den Grund merkten wir bald, denn bis dahin blies der Wind ob mit oder ohne Regenschauer; fortan nur in Gewittern. Seitliche Puster waren selten, weil wir am Rand in Landabdeckung blieben und sie die Tendenz zeigten, flußauf oder -ab zu wehen, egal aus welcher Himmelsrichtung. Wir befanden uns nun nicht mehr im Staate Pará, sondern in Amazonas.

Mit der fehlenden Brise kamen die Mücken. Karin fuchtelte herum:

„Mücken im Urwald sind nichts Außergewöhnliches. Jeder kennt sie und unterstellt, daß es sie am Amazonas gibt."

„Mag sein, aber wer erlebt schon einen Mückenschwarm, der sich ein Boot mitten auf dem Wasser als Angriffsziel ausgesucht hat, und das am Vormittag, wo alle anständigen Moskitos zu schlafen haben."

Die Brut fiel um 0830 Uhr über uns her. Im Nu waren unsere Körper von den sirrenden Quälgeistern bedeckt.

„Alle Schotten dicht und Kombis anziehen", brüllte der Skipper, Insekten aus Mund und Nase spuckend.

Mit Kombis waren die ausrangierten einteiligen Fliegeranzüge gemeint, die wir bei Schmutzarbeiten trugen.

Was folgte, war ein Kampf mit Windmühlenflügeln. Wir schwangen Handtücher, versprühten Insektizide, entzündeten Spiralen und kippten Wassereimer um und über uns. Das Resultat war gleich Null. Entmutigt steuerten wir die Stichlinge in eine ungewisse Zukunft.

Wir wußten, daß nur die Weibchen stechen (natürlich!), aber das tröstete uns bei dieser Unzahl nicht besonders.

„Das schlimmste an der Sache ist", klagte ich, „daß wir nicht riskieren können, den Fuß in die Kajüte zu setzen, um Moskitonetze, Kaffee und Rauchernachschub zu beschaffen; wir würden die Biester mit einschleppen."

Ich war mit meinem Latein am Ende, so wie meine treue, verstochene Gefährtin, die neben mir unentwegt in die Luft blinzelte und vor sich hinbrabbelte:

„Das einzige, was uns helfen kann, ist Wind, starker Wind, und wenn wir tüchtig wedeln, werden wir sie vielleicht los."

Immer Optimist, hatte Karin beobachtet, wie sich vor uns eine finstere Wolkenbank aufbaute und darauf ihre Erwartung gestützt.

Der Sturm kam, und nach einer Stunde lebte auf ‚Krios' keine Mücke mehr. Die tägliche Plage setzte in gewohnt kleinerem Umfang gegen Abend ein und hielt die ganze Nacht an; wir litten wieder wie jedermann. Ein Freudentanz für die Libellen, die ‚Krios' als Hubschrauberlandeplatz und einträgliche Nahrungsquelle schätzten und sich furchtlos anfassen ließen. Groß oder winzig, in allen Farben schillernd, trafen wir die Drehflügler an.

„Ich dachte, ihr seid immun gegen das Gebeiße", lächelte Karin, als in einem Dorf ein kleiner Knirps um sich schlagend mit dem rechten Fuß am linken Bein kratzte.

Die Kulleraugen schauten verlegen hinter dem Pony hervor.

„Wenn mein Papa wieder Geld hat, hat er versprochen, kauft er uns ein Moskitonetz."

Darauf brauchte er nicht zu warten, wir schenkten ihm eins.

„Wie ein Schneegestöber ziehen die Schmetterlingsschwärme vorüber. Was mag es Wichtiges auf der anderen Seite geben, daß sie eine so weite Reise unternehmen?"

Tatsächlich unterschieden sich die Ufer in der Bodenstruktur und in der Vegetation: Flachland und Niederbewuchs am Gleithang, überhöhte Böschungen mit hochstämmigen Bäumen am Prallhang.

Am häufigsten vertreten war der Rizinusbaum mit seinen großen Blättern und dem hellen Stamm. Aus den Samen machten die Kinder mit Glasperlen und bunten Federn hübsche Halsketten. Ebenso wurden die Samenkerne des Seifenbaums mit den gefiederten, der Esche ähnlichen Blättern, aufgereiht zu Armbändern.

Abwechselnd trat mal diese, mal jene Baumart in den Vordergrund. Der Regenbaum, der an weitausladenden Ästen ebenfalls Fiedern hat, die sich zusammenfalten können, hatte die Plumeria mit ihren lanzettartigen Blättern und weißen Blüten zur Seite. In Überschwemmungsgebieten sahen wir verlassene Hütten, bei denen Bambus als Baumaterial verwendet worden war. Das Bambusrohr ist sehr biegsam und übersteht das Hochwasser unbeschadet. Diese holzigen Gräser zierten in Gruppen oftmals bis zu 20 Meter hoch den Uferrand. An den hängenden Blüten erkennst du den Totumo-Baum; aus der Schale seiner Flaschenkürbisse, den Kalabassen, fertigen die Einheimischen Gefäße und Instrumente an. Seltener, dafür um so beeindruckender, war der korpulente Ombú, der mit ausgedehnten, überirdischen Wurzelausläufern die Böschungen durchsetzte. Nicht am Stamm, sondern an den Ästen entspringen die Luftwurzeln des wuchtigen Coussapoa; bis in die Erde reichen sie und stützen sehnig die gewaltige Krone.

„Für mich ist sein fremdes Aussehen zum Urbild des Dschungels geworden", betonte Karin.

Ein anderer, der mit wirr verzweigten Luftwurzeln in die Nachbarn hineingreift, ist der Milchbaum. Kaum jemals fehlten Schlingpflanzen, die das Dickicht durchwoben und mit ihren blauen und purpurnen Blumendolden Farbtupfer in das Grün brachten, und die als Epiphyten in den Wipfeln sitzenden Bromelien waren uns vom Fensterbrettgarten her gut bekannt. Von den vielen Arten der Orchideen spürten wir nur einzelne auf.

* * *

Hinter Itaquatiara überquerten wir den Fluß zweimal, vor und nach einer stärkeren Biegung, ohne allzu sehr von Treibgut behindert zu werden. Die Ilha da Trinidade ließen wir südlich; auf der anderen Seite öffnete sich die Mündung des bedeutenden Rio Madeira. Er entspringt in Bolivien und ist insgesamt 2000 Meilen lang. 600 Meilen von der Mündung entfernt liegt Porto Velho, die Hauptstadt des Territoriums Rondónia.

Ich kramte in meiner Gehirnschublade:

„Mariano Rondón gründete die brasilianische Indianerschutzbewegung und war dabei, als nordamerikanische Firmen von 1907 bis 1912 die oberhalb Porto Velho beginnenden Stromschnellen mit einer über 400 Kilometer langen Eisenbahnlinie umgingen. Tausende von Arbeitern verloren beim Bau ihr Leben. Heute ist die Teufelsbahn vergessen, denn eine Straße hat sie abgelöst."

Wir blieben auf der nördlichen Seite, nutzten den Paraná da Grande Eva und rutschten 35 Meilen vor Manaus nach Südwesten in den Paraná do Careiro. An dessen westlichem Eingang befindet sich der Anleger für die Autofähre von Manaus zur Bundesstraße Nr. 316. In der Nähe ankerten wir zum vorletzten Mal und steuerten am nächsten Tag, vorsichtig die Sandbänke des Paranás vermeidend, im Kielwasser einer Armada die berühmte Urwaldoase an.

Der Rio Negro formt mit dem Solimões ein nach Westen offenes Y. 10 Meilen oberhalb der Einmündung liegt das 600 000 Einwohner zählende Manaus auf einem Hügelgelände, 40 Meter hoch, am nördlichen Ufer des Schwarzen Flusses. Im Südosten der Stadt sind Industrien angesiedelt, die das Weichbild bis zum Amazonas hin erweitern. Parabolantennen, Raffinerietürme, Öltanks, steil in den Fluß stürzende Straßen, Dämme, Fabrikhallen: Manaus auf den ersten Blick.

Der zweite Blick, die Attraktion für Touristen: encontro das aguas – das Zusammentreffen der Wasser; zögerndes Vermischen wie beim Tapajós, jedoch undeutlicher. Aufwallendes Schwarz im Braun und umgekehrt. Mittendrin Tourenboote – die Kameras der Schaulustigen klickten; auf vielen Bildern wurde ‚Krios' verewigt. Wir filmten auch und versuchten danebenzuhalten, um nur die Hochzeit der Flüsse einzufangen. Das Phänomen, daß sie 3 Meilen parallel laufen, ist auf die verschiedene Dichte (Amazonas ca. 25°C, Rio Negro ca. 30°C) und Strömungsgeschwindigkeit (Amazonas 3 bis 5 Knoten, Rio Negro 2 bis 3 Knoten) zurückzuführen.

Um Ponta do Catalão herum, und wir waren im Rio Negro, hier etwa 2 Kilometer breit. Am Marineanleger vorbei ging es zwischen der kleinen Ilha Marapatá und ausgedehnten Lagunen auf der Festlandseite hindurch – darin Holzstämme, so weit das Auge reichte. Die Flöße, das leichte Holz unten als Schwimmkörper für das schwerere, werden – wenn es der Wasserstand erlaubt – durch kleine Boote zum Sägewerk geschleppt. Bei Niedrigwas-

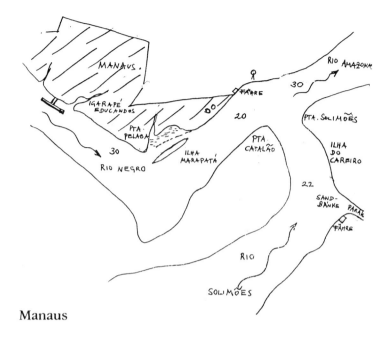

Manaus

ser werden die Edelhölzer geschlagen: aguano, andiroba, cedro, macacauba, itauba, amarúferro.

Ein Kurswechsel auf Nordwest brachte uns vor die Wasserfront der Stadt. Vorüber an Baustellen – rote Geschwüre im Grün der Abhänge –, Transportunternehmen, im Fluß vertäuten Bunkerschuten, gelangten wir im geordneten Chaos der Groß- und Kleinschiffahrt zum Igarapé Educandos.

An den Igarapés (Kanuwege), die in der Trockenzeit bis auf wenige Lachen versanden, nisten die favelas, grob zusammengehauene Verschläge, aufgepflockt auf in das weiche Erdreich gerammte Stangen – Ersatz der Bewohner für ihre ehemalige Umwelt, den Wald. Davor lagen auf Holzschienen aufgeslipte Boote. Bange Sorge herrschte, das Hochwasser könnte mehr anwachsen als die gewohnten 15 Meter. In den vergangenen Jahren neigte der Fluß dazu, höher zu steigen und weniger zu fallen.

Der Film lief weiter: die an Tonnen verzurrte Eisfabrik; die Eisenkonstruktion des Mercado Municipal, 1882 eröffnet, an die inzwischen abgerissenen Pariser Markthallen erinnernd. Bei der verfallenen rampa löschten die ribeirinhos (Flußschiffer) ihre Produkte aus den landwirtschaftlichen Zonen des Innern; die mächtigen, schwimmenden Landungsbrücken des Überseehafens, von Engländern gebaut und 1902 eingeweiht, bieten selbst bei Niedrigwasser ausreichend Tiefe. Container- und Frachtschiffe, ein Musikdampfer; von diesen halb verdeckt die Alfándega. Das Zollhaus wurde seiner Bestimmung 1906 übergeben. Das Baumaterial wurde in Europa unter brasilianischer Aufsicht speziell vorbehandelt, um dem heißfeuchten Klima zu widerstehen. Diese Eigenschaft hat es sich bewahrt.

Über allem ragte die Skyline von Hochhäusern empor. Beim zweiten Igarapé, São Raimundo, gelang es, einen Blick auf die glänzende Kuppel des berühmten Teatro Amazonas zu erhaschen. Das art-nouveau-Gebäude einer Brauerei gehörte schon zum westlichen Ausläufer der Stadt.

Neue Blickfänge: das Wasserwerk und Werft an Werft – auf den Hellingen Stahlrohlinge in verschiedenen Ausbaustufen. Ich war bestürzt.

„Die sind alles in einem: modern, rationell, futuristisch, eckig und grundhäßlich; eine entsetzliche Vorstellung, daß diese Kästen einmal die stilvollen Holzboote ablösen sollen."

Von den 850 Meilen des Schwarzen Flusses ist knapp die Hälfte von Flußschiffen befahrbar, im Oberlauf von kleinen Booten in der Hochwasserzeit. Humusteilchen der kieselsauren Böden bestimmen die Farbe des Wassers und unterbinden die Entwicklung stechender Plagegeister; eine beachtenswerte Ausnahme im Dschungel, die wir dankbar begrüßten.

Am Ende einer Bucht mit weißen Stränden leuchteten zwischen Baumkronen die roten Dächer eines Hotels am Ponta Negra, wo wir, 8 Meilen oberhalb Manaus nach 920 Meilen, für zwei Wochen eine Verschnaufpause einlegten. Diesen Platz hatten wir nicht wegen des Hotels – einer weitläufigen, in belassenem Wald eingegliederten Anlage – gewählt, sondern weil wir dem Großstadtbetrieb ausweichen wollten. Dennoch:

„Schön ist es", schwelgte Karin, „zur Abwechslung umhegt und bedient zu werden."

Gegen „umhegt" regten sich in mir einige Vorbehalte, aber vielleicht hatte ich tatsächlich in letzter Zeit in ihr eher den Kameraden gesehen als das frauliche Wesen.

Nicht allein aus diesem Gefühl heraus lud ich uns abends zu einem frugalen Mahl ein.

„Was sollen wir anziehen zu der festlichen Gelegenheit?" sorgte sich die Eva. „Es ist Sonnabend und das Hotel bestimmt stinkfein."

Aus der reichhaltigen Garderobe, die im Laufe unseres Bordlebens selten zu Ehren und entsprechend aus der Mode kam, warfen wir uns in Smoking und großes Abendkleid. Mit Schaudern zog der Kommandant feste Schuhe an und verbog sich alle Zehen.

In dieser Aufmachung ruderten wir im Dingi an den Steg, der für die hoteleigenen Ausflugsboote reserviert war. Die uniformierten, bewaffneten Wächter musterten uns im Schein ihrer Taschenlampen von der tadellosen Frisur bis abwärts zu den Pfennigabsätzen. Ihnen hatte es anscheinend die Sprache verschlagen, denn trotz eines freundlichen „boa noite" unsererseits sagten sie keinen Ton und wiesen den Treppenpfad zur magisch sich öffnenden Pforte des Portals. Der Empfangsboy fragte nach dem Gepäck, worauf wir auf das Seidentäschchen zeigten, das meine elegante Begleiterin aus Gewohnheit krampfhaft unter den Arm geklemmt hatte, als ob alle Anwesenden es darauf abgesehen hätten, sie davon zu befreien.

Zum Aperitif begaben wir uns an die Bar im oberen Stockwerk. Wir tranken Caipirinha, das brasilianische Nationalgetränk aus Cachassa (Zuckerschnaps) mit Zitrone.

„Rate mal, was mir daran besonders gut gefällt."

„Daß die Gläser so groß sind", reagierte ich prompt.

„Nee, das Eis", und sie lutschte es genußvoll.

Wir stiegen hinab zur Patio: lässig rekelten sich die Gäste in Badeanzügen am Schwimmbad; auf angestrahlten Palmen turnten Wollaffen nach eintönigen Saudadeklängen eines einsamen Gitarrenspielers. In unserer Montur kamen wir uns etwas overdressed vor und zogen uns ins Restaurant zurück, wo Tischkerzen vergeblich versuchten, Licht ins Dunkle zu bringen.

Karin meinte ein wenig unbehaglich: „Für uns beide allein ist der Raum entschieden zu groß, und neunzig Prozent des Bedienungspersonals wendet uns seine Aufmerksamkeit zu."

Wir orderten zwei kalte Bier; der Caipiri hatte uns durstig gemacht. Um ganz sicher zu sein, erhob ich zusätzlich zwei Finger, den Zeige- und Mittelfinger.

„Weißt du noch", erinnerte ich Karin, „in Belém hatte ich den Fehler begangen, die Zahl Zwei mit Zeigefinger und Daumen zu verklaren, vom Babyalter dran gewöhnt."

Was der Ober brachte, war ein Bier. In Brasilien zählt der nach oben weisende Daumen nicht, er dient einem höheren Zweck: Metapher für o.k.

Der Kellner stellte vier Flaschen vor uns hin. Da es -inhas (kleine) waren, meckerten wir nicht.

Aufdringlich erwarteten die dienstbaren Geister die Essensbestellung. Wir vertieften uns in die zweisprachige Karte. Was an amazonischen Fischnamen dastand, wiederholte sich bei der englischen Übersetzung. Tambaqui hieß der Fisch, der uns phonetisch am besten gefiel. Darauf weisend, entfachten wir eine Diskussion unter den Obern und mußten 40 Minuten warten. Andere Gäste hatten sich eingefunden.

Ich stieß Karin an: „Hältst du das für möglich, die latschen hier mit Sandalen ohne Strümpfe und in Hemdsärmeln rein!"

„Psst, nicht so laut", tuschelte sie, „das sind Deutsche, die verstehen, was du krakeelst."

Die Speisen haben uns geschmeckt. Mit dem auf Holzkohle gegrillten Fisch, Salaten, Reis, dem unvermeidlichen Farofa – Maniok ist die Kartoffel der Tropen – und gebackenen Bananen, die scharfe pimenta murupi Soße extra gereicht, wurden wir knüppeldicke satt. Der Preis war angemessen. Bezahlt ein Brasilianer seine Rechnung, ohne sie bis auf den i-Punkt zu prüfen? Wir auch nicht – keine Beanstandung. Das Wechselgeld aber war aufgerundet zugunsten des Lokals. Beschwerde – zurück – nicht richtig – Reklamation – endlich widerwillig hochgereckter Daumen für ein Fünfsterne! Hotel.

Über Züge von Blattschneiderameisen hinweg tasteten wir uns in bengalischer Beleuchtung zum Ufer. ‚Krios' lag unbewegt, die Ankerlaterne beschien das Vordeck und zeichnete die Silhouette des Riggs vor dem Kreuz des Südens gegen den Nachthimmel. Mit leiser Stimme wisperte Karin und schmiegte sich an mich:

„Es ist wunderbar, das alles zu erleben und unser gemütliches Heim in greifbarer Nähe. Die vornehme Toilette hängen wir schnell in den Schrank und holen sie so bald nicht noch einmal hervor. Was das Umhegen anbetrifft, da lasse ich mich tausendmal lieber von dir verwöhnen als von einer Schwadron ungeduldiger Kellner."

Das rückte die Welt wieder zurecht und machte mich froh, geradeso wie die Aussicht, in Kürze die geschwollenen Füße nackend unter den Kajüttisch stecken zu können.

Der Name der Hauptstadt des Staates Amazonas (seit 1856) wird auf einen Indiostamm zurückgeführt, den die Portugiesen antrafen, als sie 1669 das Fort São José errichteten, um zu verhindern, daß andere europäische Nationen das Gebiet besetzten.

Seit Beginn des 19. Jahrhunderts wurde neben den „drogas do sertão" (Erzeugnissen der Wildnis wie Kakao, Zimt, Vanille, Indigoblau) Latex „hevea brasiliensis" – cahuchu nannten es die Eingeborenen – exportiert. Der Kautschuk gewann jedoch erst mit der Erfindung der Vulkanisation durch Goodyear 1840 an Bedeutung. Die große Nachfrage setzte ein, nachdem Dunlop 1888 den pneumatischen Reifen erfand und der Automobil- und Maschinenbau nach Gummi gierte. Zur Zeit des Booms beruhten 40% der Staatseinnahmen auf der Ausfuhr von Kautschuk; er dauerte bis 1911.

Manaus wurde zur reichsten Stadt der Welt, und Eduardo Ribeiro ließ u.a. das Teatro Amazonas fertigstellen, das den Betrachter bis zum heutigen Tag irritiert; die Oper wurde 1896 eröffnet und zum dritten Mal 1974 grundüberholt. Ihre Eisenkonstruktion kam aus England, die Kuppel wurde mit 60 000 Ziegeln aus dem Elsaß gedeckt, der Marmor und die Kristallüster stammten aus Italien, die Pflastersteine wurden aus Portugal importiert, Stoff aus Frankreich. Gestalt gewordene Hybris einer Epoche im Urwald, Überbleibsel einer Selbstüberschätzung, wird das Theater beschattet von aufstrebenden, modernen Bauten. Hilfesuchend lehnt es sich an den gleichaltrigen pompösen Palácio da Justiçia, als könne es von dort Gerechtigkeit für seine Sache erlangen. Denn für Opernfreunde blieb die Oper stets stumm.

Die Briten verdienten nicht schlecht an der Stadt und schaufelten ihr dafür das Grab. Henry Wickham schmuggelte im Auftrag seiner Regierung Samen der Kautschukpflanze nach England, um das Monopol zu brechen. Das war im Jahre 1876. Auf Ceylon, Java und Sumatra, britischen Kolonien, gelang die Plantagenzüchtung. Als das Konkurrenzprodukt 1910 auf den Markt kam, war das

Schicksal von Manaus besiegelt; ab 1912 begannen die Preise zu stürzen und mit ihnen die Gummibarone.

Im II. Weltkrieg – die Japaner hatten die indonesischen Gummiplantagen unter Kontrolle – wanderten 150 000 Brasilianer aus dem armen Nordosten ein, verdingten sich als seringueiros (Gummizapfer), blieben nach Kriegsende sich selbst überlassen und gerieten zum sozialen Trümmerhaufen.

Unser Freund João da Selva (aus dem Wald), ansässig in Adrianópolis, dem Stadtviertel der Reichen:

„Die Aufräumungsarbeiten begannen 1967 mit der Einrichtung der Zona Franca. Zollfreiheit, steuerliche Vorteile und sonstige Vergünstigungen lockten Unternehmen aus aller Welt an, und bis 1980 hatte sich die Zahl der Geschäftsniederlassungen verzehnfacht. Neue Stadtteile wurden erschlossen, die öffentlichen Dienste verbessert, die Universität über die Rechtsfakultät hinaus erweitert."

„Wir haben aber den Eindruck, daß die Behörden immer geschäftiger werden – verdade?"

João kritisch: „Sim – Pläne wurden entworfen, die Igarapés zuzuschütten, die favelas abzureißen, aber bis zur Stunde ist es dabei geblieben. Auch Restriktionen in den Zollbestimmungen und die wachsende Bürokratie lassen das Schwungrad langsamer laufen. Zwar ist ein Minister eigens für den Kampf gegen die Bürokratie berufen, doch die Hauptstadt Brasilia ist weit. Plakate verkünden, daß ‚Dein Wort mehr wert ist als Papier' und werben um Mitarbeit, aber in den Amtsstuben sind Unterschrift, Fingerabdruck und Stempel das Nonplusultra."

„Deine Stadt hat ja wirklich schwere Zeiten hinter sich."

Unser Freund zuversichtlich: „Wir rechnen nicht damit, daß Manaus zum zweiten Mal untergeht. Erstens sind wir nicht so reich, wie unsere Großväter waren – noch nicht, also können wir nicht so tief fallen. Zweitens stehen wir nicht auf einem Gummibein, sondern stützen uns auf eine Vielzahl verschiedener Industriezweige: Fahrräder, Motorräder, optische Linsen, Uhren, Schmuck, Feuerzeuge, Kristall und Porzellan. Wir nehmen an Industrieausstellungen teil, kümmern uns um Gesundheitsfragen und stecken Gelder in die infrastrukturelle und landwirtschaftliche Entwicklung, wie zum Beispiel in das Instituto Nacional de Pesquisas da Amazónia – wo auch einige eurer Landsleute mit Fischereiprojekten beschäftigt sind."

„Gut so, João, Erfolg und Wohlergehen den Bürgern dieser Stadt!" und wir wünschten innerlich, daß sie es nicht gar so weit mit den üblen Nebenerscheinungen bringen möchten, wie wir überzivilisierten ehemaligen Wirtschaftswunderkinder in Deutschland.

Die Suppe in João's Teller war kalt geworden, unsere ausgelöffelt. Er hatte uns in sein Stamm-Restaurant, 1978 in den Markthallen eingerichtet, geführt, „wo es die beste caldeirada gibt". Wahrlich nicht übertrieben. Was gluckste da alles in dem siedenden Kessel, der fast eine Tischhälfte einnahm: große Fischbrocken, hartgekochte Eier, Zwiebeln, Paprika, Tomaten und Kräuter aller Art; dazu gab es pirão, ein sehr schmackhaft aus dem Fischsud und Maniok bereitetes Püree.

3. Kapitel

Im Revier der ribeirinhos (Solimões)

Tefé – Tabatinga

Logbuch: 20. Februar 1981, Freitag,
UTC + 4 Std, Var. 010° W,
0950 h, Wind West 4 Bf, Wolken 8/8, Regenschauer, gute Sicht, 1002 mb, 34°C, rel. Luftf. 83%, der zweite der vier neu plombierten Skipperzähne war gezogen worden, blieben nur noch zwei.

Unbilden warteten auf dem kommenden Teilstück. Die letzten Leuchtfeuer und Bojen hinter uns lassend, folgten wir dem Lauf des Solimões nach Westen und suchten den besten Weg bei den Ilhas dos Mouras, Jacurutu, Paciência und Barroso. Der Strom war merklich gestiegen. Seine Geschwindigkeit schätzten wir aufgrund unseres eigenen Schneckentempos auf 5 Knoten. Zeitweise schafften wir nur 1 Meile pro Stunde.

Das Treibgut nahm beängstigende Ausmaße an. Die Regel, daß es sich über den größten Flußtiefen und der stärksten Strömung am dichtesten anhäuft, sahen wir gebrochen, wenn der Stau vor einer Insel das Gestrüpp aus seiner Richtung lenkte. Vor allem traf dies auf geraden Strecken, wie auf den nächsten 250 Meilen, zu. In nur drei Stufen wendet sich das Flußbett von Manaus bis Coari nach Südwesten.

Die erste Stufe bei Manacapuru – der Ort hat Landverbindung nach Manaus und eine beachtliche Juteverarbeitung – machte das Vorwärtskommen schwierig, weil das bis weit in die Flußmitte hineinragende Schwemmland überflutet war. Das Wasser durchfloß ungehindert Büsche

Voll durchströmter Gleithang

und Weidensträucher; es gab kein Ufer mehr, an dem wir entlangschrammen konnten.

„Trotzdem ist es gescheiter, nicht auf die nördliche Seite zu gehen; dort sehe ich durchs Fernglas Schilfinseln, und Wirbel gibt es bestimmt."

Wir kratzten also die Kurve, langsam aber stetig. Nach vier Stunden hatten wir es geschafft: Kurs Südwest.

Damit traten wir in eine neue Phase unseres Bordlebens ein. Hatten wir nicht damit gerechnet, daß uns eines Tages die piums finden würden? Wir kannten sie aus der Karibik eher durch Gefühl als von Angesicht, so winzig sind sie. Ihre Stiche jucken lange. Sie lieben Feuchtgebiete, die Umgebung mußte ein Paradies für sie sein; uns machten sie es zur Hölle. Rastlos von Sonnenauf- bis Sonnenuntergang waren sie am Werk.

Es kam noch doller, obgleich es unscheinbar anfing – mit einer Fliege. Sie setzte sich auf den Oberarm der steuermännlichen Frau; die hieb mit der Hand drauf und patschte sie zu Brei.

„Du bist überempfindlich, laß doch die harmlose mosca in Ruhe."

„Denkste, harmlos! Guck dir das an."

Karin hielt mir ihren Arm unter die Augen. Ich konnte nicht übersehen, daß sich auf der zarten Haut eine dicke Beule bildete. Im gleichen Augenblick stach's mich in den Schenkel, so gemein, als hätten zehn Gnitzen vereint zugebissen. Spontan knallte ich die Rechte auf den Ort des Geschehens, knapp unter dem hinteren Rand meiner Badehose. Das Blut, das in der Handfläche glänzte, war meins. Ich sah rot und die nächste Fliege. Sie saß an der Cockpitwand und rührte sich nicht. Durch meine Lesebrille – neue Augengläser hatte mir der Fliegerarzt in Belém verpaßt – betrachtete ich die motuca und beschrieb ihr Aussehen:

„Sie hat Dreiecksflügel, einen grünlich schimmernden Rumpf und ist stattlicher als eine Stubenfliege."

Für uns war es „die Schwarze".

Von Stund an waren wir mißhandelte Opfer beider Spezies.

„Wir müssen unsere Kombis erneut hervorholen", regte Karin an.

Im Freien legten wir sie nicht mehr ab. Die spärlichen entblößten Körperstellen schmierten wir mit Insektenabwehrsalben und -gels ein. Das half gegen die Unsichtbaren etwas, gegen die Schwarzen überhaupt nicht. Die piums schlüpften durch Reißverschlüsse und Knopflöcher, die Schwarzen hielten die Düfte der Einreibung für Lockmittel.

„Immerhin mildern die Repellents, nach dem Überfall aufgetragen, den Schmerz und das Anschwellen der Quaddeln, das ist doch besser als gar nichts", konstatierte ich.

Generell kamen die Schwarzen zu dritt, sausten scheinbar ziellos über Deck, saßen plötzlich im Cockpit, änderten blitzschnell ihren Beobachtungsposten, warteten auf den günstigsten Moment und bissen unversehens in Hals, Hände oder Füße – trotz Handschuhen und Strümpfen bei 35°C im Schatten.

„Angriff ist die beste Verteidigung", versprühte ich mein Generalstabswissen. „Wir erweitern unsere Strategie."

Ein Besatzungsmitglied war fortan damit beschäftigt, mit der Fliegenklatsche jeden Annäherungsversuch im Keime zu ersticken. Hierbei eiferte sich Karin in einem Maße, daß ich gelegentlich eine Instruktionsstunde einlegte:

„So geht das nicht, du bist erschöpft und solltest dich in der Kajüte ausruhen." Und:

„So geht das wirklich nicht, du mußt lernen, zumindest beim dritten Schlag zu treffen." Und:

„So geht das wirklich nicht mehr; ich kann dich nicht jedesmal, wenn du ‚Schwarze' schreist, am Steuer ablösen, weil du das Ekel erledigen willst." Und:

„Also, so geht das nun wirklich nicht mehr, wir dürfen nicht über ein treibendes Holz fahren, weil du die Pinne verläßt, um eine dämliche Schwarze zu jagen."

* * *

Bis zur zweiten Stufe vor dem Rio Purus sind die Inseln aus dem Ufer geschält. Ihre Paranás vermieden wir wegen der Umwege. Der schlammige Rio Purus entspringt in Peru und mündet 115 Meilen von Manaus. Er fließt parallel zum Rio Madeira, hat viele Schleifen und behält seine Breite von fast 1,5 Kilometern. Kleinere Schiffe können ihn auf 1500 Meilen befahren.

An der östlichen Rundung der Einmündung gingen wir ein Stück aufwärts, um dem unruhigen Wasser auszuweichen, das an der Verbindungslinie beider Uferecken auf-

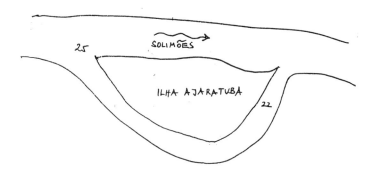

Ausgeschälte Insel

tritt, und um nicht von der Strömung so weit abgetrieben zu werden, daß wir das Gegenufer verfehlten. Wir blieben auf der Südseite des Solimões, kreuzten durch ein lokkeres Band riesiger Schilfinseln, bei denen wir nicht unterscheiden konnten, ob sie schwammen oder festgewachsen waren, zu den Paranás der Ilha Cuxiuara und Ilha das Flores, darauf über den 3 Kilometer breiten, 25 Meter tiefen Fluß zurück.

Jedesmal verloren wir an Boden. Gegenüber dem Ort Codajás liefen wir in den hakenförmigen Paraná der Ilha do Coró und richteten uns an dessen westlichem Fußpunkt auf der 45. Ankerstelle zur Übernachtung ein, zufrieden, daß es bisher so gut geklappt hatte. Wir fanden uns damit ab, nicht schneller voranzukommen.

Es war ein lauschiger Abend. Ein Gewitter hatte sich im Norden aufgebaut; aber es zog nach Westen und würde sich nicht über uns entladen. Den schweren Duft der

Tropen spürten wir buchstäblich auf der Zunge. Die Sonne senkte sich golden, und ihre letzten Strahlen malten den Himmel schön kitschig. Großaffen gaben laute und unanständige Töne von sich, Frösche quakten, als würden sie ersäuft; Grillen zirpten in allen Lagen, obwohl bei „allen" mein jetgeschädigtes Gehör streikte; Vögel ohne Namen zwitscherten ihre Erlebnisse; Fledermäuse flatterten um den Mast, signalisierten die Ankunft der Moskitos, fiepsten und hinterließen Köttel, durch ihren Nachnamen dazu verpflichtet; nicht aufzählbar das Heer der Insekten, das ‚Krios' in seinem bizarren Formenreichtum umschwirrte und bekrabbelte; die Schwarzen versteckten sich und warteten geduldig auf den Morgen, statt in die Netze zu fliegen, die Spinnen geschäftig zwischen Wanten und Stagen spannen und eifrig ausbessern mußten, weil wir Tölpel ihre Kunstwerke wieder einmal zerrissen hatten; die Gnitzen wollten schlafen gehen, fanden den Ausgang nicht und bissen uns ärgerlicher denn je; Schlupfwespen ließen ihre langen Beine mit den gelben Kniestrümpfen als Schleppe hinter sich bammeln und suchten das Loch, das sie zu ihrem Nest erkoren hatten. Die Amazonen schnauften gleich alten Opas.

„Friedliche Stunden, nicht wahr?"

„Ja, wie die Ruhe vor dem Sturm", entwischte es mir.

Der Paraná mündet oberhalb der dritten Stufe, einer scharfen S-Kurve des Solimões. Sein Eingang ist weithin versandet, und es war heikel, zwischen den Untiefen in den Hauptstrom zu jonglieren.

„Wir werden südlich bleiben."

Kaum gesagt, liefen wir augenblicklich auf. Wir bargen die Segel. Der Motor schaffte es nicht, uns freizuspateln. Die Badeleiter am Bugkorb, sprang ich über Bord und mit mir alle Bedenken gegen Gefahren, die unter Wasser lauerten. Es reichte mir bis zum Bauch, der Boden war sandig und fest. Die Schultern unter den Vorsteven gepreßt,

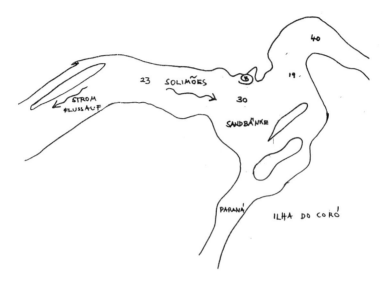

Strudel

drückte ich, daß die Stirnadern anschwollen. Das Unbehagen setzte ungeahnte Kräfte frei. ‚Krios' schwamm und begann sich langsam stromab zu bewegen. Ich hetzte die Leiter hoch, um schnellstens der Bedrohung zu entgehen. Karins Augen leuchteten ihren tapferen Mann an. Segel auf.

Im tieferen Wasser gerieten wir indessen ins Stocken, der Strom war zu stark. Mit böigem Nordostwind schlurrten wir zum Nordufer.

„Mir bleibt die Luft weg!" stieß ich hervor.

Die Szene, die sich vor unseren Augen entrollte, hatte Mephisto entworfen: Die ein Meter hohe Böschung war überdeckt von umgestürzten Bäumen, nur mit Fasern ihrer Wurzeln im Boden verhaftet, Stämme und Kronen halb im Wasser, umspült von gurgelnden Wellen. Ausgefranste Buchten mit zischendem Braun, Blasen, die aufstiegen und platzten. Darin Enden von Hölzern, die knapp über die Oberfläche ragten, Astwerk und Schilf.

„Es sieht aus, als wäre die Räude über die Gegend hergefallen."

Es war ein Hexenkessel. Eine Verschwörung, die uns gebot: halt, bis hierher und nicht weiter. Wir nahmen die Herausforderung an und segelten in die Rapuse.

Dann packte uns der Strudel. Unversehens geriet ‚Krios' zum Spielball der Elemente. Was drehte sich, das Boot oder die kochende Flut? In einem Durcheinander von kreisenden Baumstämmen und verfilztem Röhricht wirbelte uns die brodelnde Strömung hilflos herum. Dicht am überfluteten Ufer, im Oval einer durch Wasser ausgewaschenen Bucht, zwischen drohend über die schäumende Oberfläche herausragenden Ästen, versagte das Ruder. Die Segel hingen schlaff; die Landabdeckung fing jeden Hauch ab.

„Ohne Motor kommen wir nie wieder raus", erklärte Karin mit Nachdruck.

Die Faust saß uns im Genick; jetzt mußten wir darauf gefaßt sein, die Schraube mit den überall lauernden Unterwasserhindernissen zu zertrümmern. Endlose Sekunden. Allmählich richtete sich der Bug zum offenen Fluß. Nach einer Ewigkeit schlichen wir über den Rand des Strudels, der uns beinahe das Schiff gekostet hätte. Wir waren noch einmal davongekommen.

Ich war gerädert, ausgepreßt wie ein nasser Schwamm, als seien die Eingeweide vertrocknet, die Zunge pelzig im Mund verdorrt, in diesen Augenblicken, die sich zeitlos dehnten wie damals:

Die Nacht war klar, die bläulich-schwarze Färbung des Himmels ging unmerklich in den Erdhorizont über.

In einer F-104, das Ruhrgebiet weit unter mir, erfaßte mich das Vertigo, der Verlust der Orientierung im Raum, von dem in Fliegerkreisen viel geredet wird, und das mich bisher verschont hatte.

Das grüne, fluoreszierende Licht der Instrumente hatte ich abgedämpft, um die Außensicht nicht zu beeinträchtigen, und alles lief glatt. Die Sterne glitzerten in der mondlosen Schwärze, und unten schimmerte der Flekkerlteppich des Nachtlebens einer späten Stunde.

„Sie verlassen unseren Sektor, schalten Sie die nächstfolgende Frequenz ein", riß mich die Bodenleitstelle aus meiner Besinnlichkeit.

Ich bestätigte die Aufforderung, ertastete mit der linken Hand den Knopf am Funkgerät und rastete den neuen Kanal ein. Um sicher zu sein, daß er richtig war, überzeugte ich mich mit nach unten geneigtem Kopf und blickte wieder nach draußen.

Draußen ja, aber wo war unten und oben? Die Lichter des Himmels und der Erde waren nicht mehr zu unterscheiden. Es schien, als flöge ich in einer Hohlkugel, die sich immer enger um mich zusammenzog, wo oben und unten grenzenlos in eins verläuft. Mir wurde bewußt, daß ich den Auto-Piloten nicht eingeschaltet hatte, weil ich mehr Freude dabei empfand, das Flugzeug selber zu steuern.

Dieses Vergnügen war jetzt mehr als gedämpft. Da sitzt du, kontrollierst die Instrumente, die dir sagen, daß alles goldrichtig ist, aber du selbst hängst in den Seilen, unterläßt es, den linken Arm zu heben, um den Auto-Piloten anzustellen, aus Furcht, du könntest bleischwer irgendeinen anderen Schalter erwischen. Der Körper scheint zu dampfen, die Feuchtigkeit bricht dir aus den Poren, du merkst, daß deine Sinne spiralig verschwimmen. Dein Herz hämmert wie verrückt, und das Blut steigt dir in den Kopf, als wärst du mit den Füßen nach oben an den Marterpfahl gebunden.

Meine Augen quollen unter den Lidern wie Sauerteig. Ich puckelte, um mich auf die Instrumente zu konzentrieren, denn die, so weißt du, lügen nicht. Eins kann schon mal ausfallen, aber nicht alle auf einmal. Du fühlst dich wie ein Wurm, dessen Glieder nicht mehr zueinander gehören. Der Kopf, gerade pendelte er noch nach unten, macht sich selbständig, löst sich schraubenförmig vom Hals, schwebt eigengesetzlich durch den Raum und läßt, seiner Aufgabe ledig, den Rumpf ins Nichts gleiten.

Das gewohnte, schnelle Überprüfen, das Erfassen aller Armaturen mit einem Blick ging verloren. In nur langsamer Folge konnte ich künstlichen Horizont, Kompaß und Höhenmesser einzeln abfragen. Zu langsam, denn wenn ich von einem zum anderen fortschritt, zeigte der Werte an, die zu korrigieren waren.

„DC Z, wie hören Sie uns?"

Dumpf klang die Stimme, wie die gestopfte Trompete Louis Armstrongs, ein Signal aus der allegorischen Welt des Hieronymus Bosch.

Ich raffte mich zusammen, überlegte, wo um Himmels willen der Sendeknopf in diesem meinem Universum zu suchen war, fand ihn endlich und brachte „stand by, stand by – einen Moment" heraus.

„Ist alles in Ordnung? Wir haben Sie auf dem Radarschirm."

Meine Antwort „natürlich, natürlich, o.k., o.k.", war nichts als klägliche Lüge.

‚Vertraue auf die Instrumente, vertraue auf die Instrumente', redete ich mir ein.

‚Die zeigen falsch an', flüsterte der kleine Troll in meinem inneren Ohr.

‚Nein, Schiet am Boom, nein' – unbewußt hatte ich laut geraunzt und wie zur Bestätigung kräftig meinen Kopf geschüttelt. Plötzlich saß er wieder da, wo er hingehörte, der Alp war wie weggeweht. Nur der Schweiß, der unter dem Helm von meiner Stirn tropfte, und der naßgebadete Körper waren Beweise für die Lage, in der ich mich kurz zuvor befunden hatte. Die Zeiger wippten etwas zu heftig, aber schnell hatte ich das Flugzeug wieder in der Gewalt. Das Trauma war zu Ende.

Die Kugel um mich herum hatte sich in Halbschalen aufgelöst, die Sterne blitzten droben, und die Autos fuhren drunten, weil sie nicht fliegen konnten wie ich. Der Kampf war vorüber, den ich mit mir ausgefochten und mit nichts als einem Kopfschütteln beendet hatte. Der Anlaß, dieses Rezept ein zweites Mal anzuwenden, bot sich mir nie.

„Warum haben Sie gefragt, ob alles in Ordnung ist?" erkundigte ich mich scheinheilig.

„Na ja, Ihre Abweichungen vom Kurs waren zwar nicht groß, aber die Stimme klang, als gäbe es Schwierigkeiten."

„So? Nein, hier ist alles klar."

Wenn die wüßten! Ich bezweifle, ob sie in jenem Augenblick an meiner Stelle hätten sein mögen.

„Es schlägt dem Faß den Boden aus, daß unser zig Tonnen schweres Schiff sich um sich selbst dreht und wir macht- und sprachlos mit ihm!"

Als wir noch einmal den Mahlstrom passierten, blieben wir weiter draußen, auf Kosten der mit voller Drehzahl jaulenden Maschine. Eine halbe Stunde später hatten wir die gefährliche Stelle hinter uns und damit den Solimões um zusätzliche 300 Meter überlistet.

„Immer wagst du solche Experimente!", klagte meine entnervte Walküre.

Nicht ganz aus der Luft gegriffen, nur das Wort „immer" störte mich. Schließlich waren wir kurz vorher von der anderen Seite des Flusses übergewechselt, weil der Gegenstrom ‚Krios' auf der Stelle stampfen ließ.

„Von einer Rückkehr hätten wir uns wenig erhoffen können. Wir mußten also durch", vertrat ich den Erfolg.

Unvermittelt wurde unsere Fahrt immer rasanter und wir brausten an der Ilha Cipotuba vorbei. Die gegenläufige Strömung zerrte uns und Schilfgestrüpp flußaufwärts. Von einem Extrem ins andere, der Amazonas machte es möglich. Der Spaß dauerte nicht lange, abrupt waren wir im Normalstrom. An der Nahtstelle suchten wir eine Ankergelegenheit, denn für diesen Tag hatten wir die Nase plena.

Am Morgen – dichter Nebel lagerte über dem Wald – blieb der Wind still. Darum Motor an und los. Nichts geschah. Mehr Gas. Allmählich bequemte sich ‚Krios' zur Fahrt. Hatte die Schraube etwas abbekommen? Gestern war das bei dem Affentempo nicht zu bemerken. Anker nieder, Motor aus.

Der Skipper: „Da muß ich runter und sehen, was los ist."

„Sehen? Du wirst nicht einmal mit Maske die Hand vor Augen erkennen. Es hilft nur befingern und fühlen."

Ach, du lieber Himmel, daran hatte ich nicht gedacht.

„Zieh auf jeden Fall Flossen an wegen der Strömung. Sie hat bestimmt drei Knoten, und deshalb werde ich dich anseilen."

Ach, du lieber Himmel, daran hatte ich auch nicht gedacht.

„Und mach rasch!"

Ja, daran hatte ich gedacht.

Alle Warnungen kamen mir in den Sinn, die Eingeborene gaben. Es beruhigte uns nicht sehr, wenn einer von fünf alles für halb so schlimm hielt. Wir mußten annehmen, daß einige von den 1600 bekannten Fischarten – annähernd doppelt soviel wie im Kongo, des Amazonas nächsten Rivalen – nicht nur gut schmecken, sondern geradeso mordlüstern sind.

Von den begehrtesten Speisefischen hatten wir den Tambaquí schon kennengelernt. Vom Pirarucú werden Filets gegrillt, dem Tucunaré droht der Caldeirada-Kessel und Cara-Açu ist für beides geeignet. Krabben schwimmen im Topf an jeder Straßenecke, und Krebse werden zerkleinert in Teigbällchen gebacken, mit einer Schere als Stiel. Die Flußsardinen sind dreimal größer als ihre Kollegen aus dem Meer. Die Fischer fangen sie und viele andere Arten mit dem Netz, der Angel, dem Speer und mit der Reuse, mit lohnendem Erfolg insbesondere bei Hochwasser.

Zierfische für Aquarien in der guten Stube und im Zoo bilden eine nicht zu verachtende Einnahmequelle. Gäbe es wohl noch Fische, wenn der Amazonas klares Wasser hätte? Eine unnütze Frage, denn die in ihm enthaltenen organischen und anorganischen Substanzen dienen in der ökologischen Kette als Futter. Sie sind die Voraussetzung für den Reichtum – eine trübe Hürde, Friedfische von denen zu unterscheiden, die dir etwas anhaben können.

Der Piranha, ein Sägesalmler – das Wort allein weckt Grauen – gehört zur Art der Salmler, die dem Aquarienliebhaber als kleinere Brüder besser bekannt sind. Gewiß ist er gefräßig, aber zu hungern versteht er ebenfalls: zwei Monate kommt er ohne Nahrung aus. Der wegen seines vorgebauten Unterkiefers grimmig aussehende Fisch, am Rücken bläulich, dunkel gefleckt, am Bauch gelblich, wird bis zu 30 Zentimeter groß und 30 Jahre alt. Als Aasfresser versieht er Geierdienste unter Wasser; seine messerscharfen Zähne schlägt er gierig auch in gesundes Fleisch, wenn es blutet. Das ist für das betroffene Individuum nicht tragisch. Was den Vorgang zur Tragödie macht, ist der tausendköpfige Schwarm, der mit zubeißt. Und ist es nicht Blut an sich, auf das er reagiert, dann dessen oder andere dunkle Farben oder bestimmte Vibrationen. Je höher die Temperatur, desto heißhungriger wird er. Im Amazonas ist sie hoch. Die Fischer hüten sich indessen nicht vor den Piranhas im Wasser, sondern vor denen im Netz. Die Fische werden nach Südbrasilien verfrachtet, wo sie als Delikatesse und Aphrodisiakum sehr geschätzt sind, ein Anregungsmittel, dessen die ribeirinhos nicht bedürfen.

Das Vorkommen von Haien gilt als gesichert, obgleich wir niemanden mit einer Halskette aus Haifischzähnen getroffen haben, die zum Beispiel in der Karibik beliebt sind. Steigt im flachen Wasser eine Reihe von Blasen auf, sollte man einen Bogen schlagen, damit es nicht der Rochen mit seinem langen Schwanzstachel tut. An Land wie im Wasser sind die Schlangen heimisch; davon ist der Urwald voll. Fast die ganze Schar ist giftig. Wären wir gebissen worden, hätten wir nur für einen Serum an Bord gehabt, wahrscheinlich das falsche. Einen Vorzug haben die Schlangen in der Mensch-Tier-Beziehung: Sie sind scheuer als wir; läßt man ihnen beim Schwimmen die Vorfahrt, werden sie flink enteilen.

Candiru nennen die Waldleute den Kleinstfisch, von dem sie sagen, daß er sich in die Körperöffnungen bohrt, dort verkantet und nur operativ zu entfernen ist; und am anderen Ende der Größenskala der Piraiba, dem sie die Fähigkeit zuschreiben, einen Menschen verschlingen zu können. Die stramme Badehose schützt vor dem einen, Arme und Beine weit auszuspreizen vor dem anderen.

Am gefürchtetsten ist jedoch der Zitteraal, den Alexander v. Humboldt untersucht hat. Dieser Messerfisch besitzt ein elektrisches Organ, das 4/5 seines Körpers einnimmt. Innerhalb einer Sekunde kann er es vierhundert Mal entladen und bis auf eine Spannung von 500 Volt steigern. Der bis zu 2 Meter lange Aal hat eine schuppenlose, braune Haut und lebt an dunklen, schlammigen Ufersäumen. Eben da, wo die Leute ins Wasser gehen, ihre Wäsche waschen und baden. Kaum einer von ihnen kann schwimmen. Wird ein Unglücklicher von elektrischen Stößen getroffen, wird er nicht getötet, aber einen Schock und Gelenklähmungen erleiden, ohnmächtig werden und ertrinken.

In diese eklige, undurchsichtige Welt sollte ich nun hinabtauchen! Es wird ständig darüber geklagt, daß die Jugend keine Vorbilder hat. Über dieses Alter bin ich hinaus, daher habe ich eins. Eine der für mich verehrungswürdigsten Gestalten deutscher Geschichte ist Friedrich II., der „Alte Fritz", in seiner menschlichen Größe. Ich achte ihn höher als alle nachfolgenden Staatsmänner zusammengenommen, die nichts taten, als seine Ideen zu verwässern.

Er sagte einmal: „Jeder in meinem Staat soll nach seiner Façon selig werden."

Ich modelte diesen Ausspruch für meine Situation um: „Tu mir nichts, und ich tu dir nichts." Und stieg in den Abgrund.

Mein hämmerndes Herz pochte mir fast die Augen aus dem Kopf, als ich in der braunen Soße angeleint die Kiele, den Propeller und das Ruder befummelte. Was ich dabei zu Tage brachte, hätte als Wochennahrung für eine Herde Seekühe ausgereicht. Für die Schraube benötigte ich mehrere Tauchgänge, denn zerspleißte Schilfstengel hatten sie regelrecht eingewickelt; die Flügel waren heil. Ich auch. Die frohe Botschaft meldete ich Karin, die gespannt nach ihrem Liebsten spähte, und erklomm das Deck, alle dummen Befürchtungen hinter mir im Hades lassend; dort gehörten sie hin. Eine neckische Kleinigkeit freilich brachte ich mit ans Licht: Fußpilz – im rechten Ohr!

* * *

Für die kommenden 50 Meilen blieb der Kurs Südwest. Nach Verlassen des Paraná do Mamía, südlich der massigen Ilha da Botija, gingen wir auf die Nordseite. Mit der Ilha Ariá zwischen uns und Coari erreichten wir den bislang südlichsten Punkt. Coari liegt am Ausgang des gleichnamigen Sees hinter einer Landzunge, die den Strom abweist.

Das Landschaftsbild wechselte; hoher Urwald verdrängte Niederbewuchs. Wie im Osten, wurden auf freigeholzten Flächen Zitrus, Paranuß, Papaya, Mango und

Brotfrucht kultiviert. Guayava, als Obst oder Gelee und Caju, so gegessen oder als Saft zubereitet, mit seiner Cashewnuß waren allseits beliebte Früchte.

Bis kurz vor Tefé gab es keine Paranás: Ipixuna, Catuá und Jutica waren die Namen der Inseln, die sich dem ungestörten Fließen entgegenstellten und dadurch Unordnung in die Marschreihen der treibenden Grasbänder brachten.

„Du wirst dich schon daran gewöhnen, zwei bis drei Mal am Tage das Unterwasserschiff von anhängenden Pflanzenteilen zu klarieren", beschwichtigte Karin meinen Unmut.

Dazu ließen wir uns treiben, um dem Strömungsdruck zu entgehen, auf Kosten gerade schwielig ergatterter Meter.

Tefé war unser nächster Zwischenaufenthalt. Es verbirgt sich hinter der Ilha do Pananim und einer Landabdeckung an einem großen Klarwassersee. Die Markthalle und ein paar alte Steingebäude wurden zwar renoviert, insgesamt machte der Ort aber einen vernachlässigten Eindruck. Wir waren 1600 Meilen von Belém in ungefähr 65° westlicher Länge.

Diese Stadt liefen wir aus zwei Gründen an. Sie besaß einen großen Flugplatz und eine Polícia Federal. Unser Zeitplan stimmte nicht mehr. Es war abzusehen, daß wir es bis zur Grenze nicht vor Ablauf der Aufenthaltsgenehmigung schaffen würden. Hier sollte sich entscheiden, ob wir ausfliegen mußten – ein einziger Tag genügte – oder eine Ausnahmeerlaubnis erhalten würden.

Auf der Suche nach der Capitanía und der Polícia Federal stapften wir durch die anderthalb Hauptstraßen, übersät mit mehr oder minder lebendigen, sechs Zentimeter großen Käfern. Entgegen den Beteuerungen des Hafenmeisters in Manaus fanden wir sie nicht, denn es gab keine von beiden. Wir wurden an die Polícia Militar verwiesen.

Am Wege lag die Post, eines der wichtigsten Ämter für uns Wanderer. Bei dieser Gelegenheit gaben wir Stapel von Ansichtskarten zum Versand. Bunte Briefmarken in der Größe von Wandgemälden bedeckten Anschrift und Grußworte, aber Karin hatte nichts dagegen.

„Das gefällt mir viel besser als die nichtssagenden Stempelautomaten; bloß der Sonderetat für Luftpostgebühren schmilzt zusehends."

Nicht allein unsere Massenproduktion zehrte daran, sondern die ständig steigenden Preise, die auf der Welt dafür verlangt werden, daß die Sendungen stets länger unterwegs sind oder gar verlorengehen.

Die Türen und Läden der glaslosen Fenster des Dienstgebäudes der Polícia Militar standen weit offen. Es war 1400 Uhr; wir klopften, doch es antwortete niemand. Wenn der Berg nicht zu Moses kommt, dann eben umgekehrt. So traten wir ein. Kahles Zimmer, Tisch mit vorsintflutlicher Schreibmaschine, Dienstmütze daneben, Comic-Heft an einer Ecke, Sitzbank, Stuhl. Wir riefen, nicht laut; keiner kam. Im nächsten Raum schreckten wir zurück, zu spät, wir waren entdeckt. Aus der Hängematte sprang ein mit Unterhose bekleideter Mann. Karin wandte sich sittsam ab.

„Desculpe incomodá-lo; voltaremos mais tarde – Entschuldigung, wir kommen später."

„Momento, momento, momento, já vou – ich komme sofort."

Wir warteten im Zimmer mit der Dienstmütze. Der Staatsdiener erschien in voller Uniform, kaum wiederzuerkennen, und stülpte die Kappe aufs Haupt. Wir erklärten unser Anliegen.

„Nur ein Dokument brauchen Sie? Não problema." Er tippte Taste für Taste eine declaração, daß wir nicht aus eigenem Verschulden, sondern durch die widrigen Umstände der Jahreszeit gezwungen seien, länger in Brasilien zu verweilen und deshalb die zuständige Behörde das Gesuch befürworten möge, den Termin zu überschreiten.

„Muito obrigada, senhor sargento – vielen Dank. Das ist prima", jauchzte Karin, „wir brauchen nicht auszufliegen!"

„Tá, tá, não problema", und wir waren entlassen.

„Ob der verständnisvolle Feldwebel nicht seine Kompetenzen überschritten hat?"

„Zerbrich dir nicht den Kopf darüber", konterte Karin. „Die Leute hier und in Tabatinga leben am Fluß und wissen, wie der mit den Schiffern umspringen kann; sie verstehen unsere Lage bestimmt."

Erhobener Daumen: „Está bem – na gut."

Wir bunkerten Diesel und Getriebeöl – auch als Pilot hatte ich gern vor dem Start die Tanks voll. Wann würde sich wieder eine Gelegenheit dazu bieten? Auskünften hatten wir gelernt, argwöhnisch gegenüber zu stehen. Oft genug erhältst du aus reiner Liebenswürdigkeit und Hilfsbereitschaft oder, um nicht unwissend zu erscheinen, Antworten, die völlig aus der Luft gegriffen sind.

Ähnlich erging es uns mit brasilianischen Einladungen; du bist nie sicher, ob du ernsthaft erwartet wirst – das kann peinlich werden – oder mit den Gästen rechnen darfst.

„Ein übler Zustand, wenn alles nett vorbereitet wird, die Zeit verrinnt und wir am Ende darangehen, lustlos alles selber aufzufuttern", seufzte Karin, denn das war auch ihrer schlanken Linie nicht bekömmlich.

„Da finde ich es besser, grundsätzlich nichts zu versprechen, das aber auch zu halten."

* * *

Logbuch: 11. März 1981, Mittwoch,
UTC + 4 Std, Var. 007° W,
1030 h, Wind Nordost 4 Bf, Wolken 4/8,
Regenschauer, dunstig, 1001 mb, 36°C, rel.
Luftf. 70%, der dritte der vier neu plombierten Skipperzähne war gezogen worden, blieb nur noch einer.

Nahe Tefé mündet der Rio Japurá. Er ähnelt dem Solimões, neben dem er ab 69° West her läuft; er ist 1300 Meilen lang und auf 500 Meilen schiffbar.

Vis-à-vis vom verzweigten Delta brachten wir eine spiegelglatte Lagunennacht zu. Das hatte den Wettergott anscheinend erzürnt, denn als wir uns tags darauf am frühen Nachmittag nördlich der kleinen Ilha da Canaria befanden, erlebten wir ein fürchterliches Unwetter. Gewitter sahen wir sonst als willkommene Windbringer an. Nicht selten gab es davon zwei am Tag. Sie zogen stets von Ost nach West und dauerten im allgemeinen eine Stunde; aber bereits geraume Zeit vorher wehte es aus den sich aufbauenden Cumuli. Die Böen waren mit Stärke 5 bis 6 Bf brauchbar, die Segelstellung mußte allerdings laufend geändert werden.

Diesmal war es anders. Kein Lüftchen füllte die Segel, und wir tuckerten unter Motor. Eine dräuende Wolkenbank schob sich aus Nordosten heran.

„Sollten wir nicht das Tuch einholen?"

Den genauen Zeitpunkt herauszufinden, wann die Segel zu reffen oder zu streichen waren, würde mir vermutlich nie gelingen. Häufig war es zu spät. Mit doppelter Anstrengung mußte ich wie ein Klammeraffe das wildflatternde Zeug unter Kontrolle bringen.

Karins Vorschlag kam im richtigen Augenblick.

„Runter damit!"

Statt zuvor etwas abzugeben, hatte die Front die gesamte Kraft aufgespart und Wind und Regen entluden sich schlagartig. Es faßte uns mit Gewalt auf der Steuerbordseite. Im Nu baute der Fluß eine brechende Kreuzsee auf. Die Böen fielen wie rasend über uns her. Sie drückten uns in Legerwall auf die Sandbänke der Insel zu. Hätten wir die Segel gesetzt gehabt, sie wären sicher längst davongeflogen.

„Bug in den Wind!"

Der Steuermann legte das Ruder, aber die Motorkraft reichte nicht. Vollgas. Durch die milchigen, nahezu waagerechten Striemen des Regens zeichneten sich hinter uns schemenhaft Baumsilhouetten ab. Viel zu dicht. Unser Heck, wir standen quer, schabte den vordersten Weidenstrauch am Nordostende der Insel, dann waren wir frei; das Hundewetter war gleichermaßen vorüber. Die dritte Lektion des Amazonas:

„Hör auf deine Frau und streiche die Segel – rechtzeitig!"

Einige Meilen darauf beult sich der Solimões sackförmig nach Norden aus. Eine Menge Paranás boten sich als Abkürzungen an. Wir folgten einem vielversprechenden Arm, die Uferränder rückten näher, aber erfreulicherweise nahm der Strom an Stärke ab. Zunächst über Untiefen – das Echolot zeigte 1,70 Meter an, das heißt zwei Handbreit oder 20 Zentimeter unterm Kiel –, dann zickzack durch Hyazinthenwiesen, sahen wir nun vor uns über die ganze Breite mannshohes Schilf. Wie eine Pappelallee standen Bäume, so weit wir sehen konnten, und säumten den Paraná, den es nicht mehr gab.

Wir mußten umkehren. Wegen der urigen Umgebung waren wir es zufrieden. Zwei Kanufahrer, denen wir später begegneten, fragten erstaunt:

„Woher kommt ihr denn?"

„Von Tefé."

„Ihr wollt uns wohl veräppeln!", und bewegungslos starrten sie uns nach.

Erneuter Versuch auf einem anderen Weg. Zwei Inselchen lagen da.

„Rechts vorbei?"

Ich schüttelte den Kopf.

„Links vorbei?"

Ich zuckte die Schultern.

„In der Mitte durch?"

Ich trat von einem Fuß auf den andern.

„Ich gehe rasch nach unten und sehe auf dem Globus nach."

„Mach keinen Quatsch. Ich will wissen, wo ich langfahren soll!"

„Ich auch."

Im nächsten Augenblick war klar, daß wir links nicht vorbei konnten, wir saßen nämlich fest. Karin kramte schon die Badeleiter heraus. Da der tapfere Mann längst keine Rolle mehr spielte, schob der starke Skipper ‚Krios' in sein tieferes Element. Einfach so.

Einigung auf den Mittelweg. Der war, wenn auch nicht oft im Leben, der richtige. Der Hauptstrom nahm uns auf, und wir ankerten zum 61. Mal in einem schmalen Mündungsarm des von Süden kommenden Rio Juruá. Dieser Fluß ist erwähnenswert, weil er im gesamten Amazonasbecken am meisten mäandriert. Von Kleinfahrzeugen ist er etwa 1000 Meilen benutzbar.

Ein Rundgang brachte uns durch das anliegende Dörfchen, vorüber an einer lindgrün gestrichenen Hütte mit rosa Türrahmen, oben die Aufschrift „Bar"; wie eine „boite" (Nachtclub) sah sie nicht aus. Die gesamte Bevölkerung einschließlich der Vororte heftete sich an unsere Fersen. Ich fragte in die Menge, ob es irgendwo Essen und kühles Bier gäbe. Ein mehrstimmiger Chor antwortete mit:

„Bar."

Ein caboclo (Mischling aus der Verbindung zwischen Weißen und Indianern) berührte Karin am Arm.

„Ich zeige der Senhora den Weg, vamos."
Wir gingen. Fünf Meter weiter zu der lindgrünen Hütte mit dem rosa Türrahmen. Zwei Schritte mehr, vor die Theke. Wir bestellten cachassa für unseren Führer und cerveja für uns. Jeder bekam eine große Flasche.
„Prost, sagen wir."
„Como?"
„Prost!"
„Poischt!"
„Como é o seu nome?"
„Filipe, e o seu?"
„Jürgen."
„Como?"
„Jüürrrgeen."
„Tá, tá, Joarji, poischt!"
„Filipe, sagen Sie doch bitte in der Küche Bescheid, daß wir eine Kleinigkeit essen möchten."
„Sim, não problema. Tá, aber es ist zwecklos."
„Warum?"
„Es gibt keine Küche, poischt Joarji."
Das Volk unter der Tür kicherte.
„Aber ich werde etwas besorgen; eine Köchin ist gleich nebenan", fügte er grinsend hinzu.
„Poischt", griff seine Flasche und bahnte sich einen Weg nach draußen.
An einem wackligen Tisch warteten wir.
Fragen und Antworten über das Woher und Wohin mit den scheuen Erwachsenen und kecken Kindern verkürzten die Zeit. Unsere Mägen knurrten. Endlich erschien Filipe. Er lachte über das ganze Gesicht. Ein junges Mädchen folgte ihm, in den Händen einen Blechteller, darauf zwei 15 Zentimeter lange Fischchen und ein Löffel. Das stellte es in die Mitte des Tisches.
„Greift zu, poischt", sagte Filipe, setzte sich auf den dritten Schemel, steckte den Flaschenhals zwischen die Zahnlücken und blickte uns erwartungsvoll an.

„Ist das alles, Filipe?"

„Ich habe schon gegessen, das ist für euch beide, poischt Joarji."

Und Karin begann, mit dem Löffel die knochenharten Stockfische in ihre Bestandteile zu zerlegen.

Was hatte Filipe dagegen einzuwenden, die kostbaren Tiere auf anständige Art behandelt zu sehen? Er versuchte dauernd, meiner ratlosen Köchin in den Arm zu fallen und ihr den Löffel zu entreißen. Als wir gar anfingen, die total versalzenen Fleischschnippelchen mit dem Löffel von dem grätenumrandeten Teller zu angeln, abwechselnd in den Mund zu stecken und hinunterzuwürgen, war es mit seiner Beherrschung vorbei. Er sprang auf, rannte zu seinen Landsleuten, gestikulierte und beklagte sich vehement über unsere ungehobelten Tischsitten.

Wir bezahlten; ein Bier war so teuer wie die Flasche Schnaps.

Karin rätselte noch längere Zeit danach: „Ich habe mich immer wieder gefragt, was an unserem Verhalten so ehrenrührig gewesen war."

Es muß recht unverzeihlich gewesen sein, denn alle beide hatten wir eine Woche lang Leibschmerzen.

„Kein Wunder", dachte ich, „wenn Karin gewalttätig mit dem Löffel hantiert, statt den Fisch in Gänze zu verschlucken."

* * *

Bis kurz vor Fonte Boa ging es stetig voran, aber so gemächlich, daß Kinder uns leicht auf Urwaldpfaden rennend, Lianen hinter sich herziehend, weil es mit Schieben nicht funktionierte, überholten und uns am kommenden Vorsprung erwarteten.

Ihr Spiel hatten wir zu aufmerksam verfolgt. Es splitterte, und ein Zweige- und Blätterregen rieselte auf uns nieder. Entgeistert starrten wir nach oben. Steuerbordoberwant und Mast verschwanden in einem Wipfel. Über uns baumelte, sich bald überschlagend, brenzlig dicht ein ausgewachsener Bienenstock, dessen Insassen wie von der Tarantel gestochen um ihren gefährdeten Bau summten.

„Wenn der runterfällt, können wir unaufgefordert tanzen" – ein Sport, dem ich noch nie viel Spaß abgewinnen konnte.

Die Bienen hatten solide gebaut. Das Nest blieb oben und der Schuhplattler ungesprungen.

„Sogenannte Mörderbienen, die auch ungestört über uns hergefallen wären, hätten nur durch Abtauchen abgewehrt werden können", kommentierte ich erleichtert.

Äußerlich nicht unterscheidbar von gewöhnlichen Tieren, sind diese das Ergebnis einer experimentellen Genmanipulation. Wie in einer zur Wirklichkeit gewordenen Horrorstory entschlüpften ein paar Versuchsexemplare. Sie breiten sich unaufhaltsam aus, terrorisieren in ständig wachsender Menge normale Immenvölker und töteten bereits zahlreiche Menschen.

Fonte Boa liegt am unteren Ende einer V-förmigen Kehre und verbarg sich hinter einer Landzunge der Ilha Periquito. Der Knick hatte es in sich. Als wir um die Ecke bogen, dachten wir an unser Mahlstrom-Erlebnis. Umgerissene Bäume ragten so weit ins Wasser hinein, daß es nicht in Frage kam, am Ufer zu bleiben.

„Vollgas! Wir müssen so weit hochackern, daß wir auf die andere Seite wechseln können, ohne befürchten zu müssen, in die Wirbel der Außenkurve getrieben zu werden."

Beim folgenden Abschnitt gewannen wir den Eindruck, mehr nach Nord und Süd zu fahren als nach West. Große Schleifen und Windungen konnten wir glücklicherweise durch Paranás beträchtlich abschneiden. In der Niedrigwasserperiode sind viele dieser Flußarme ausgetrocknet.

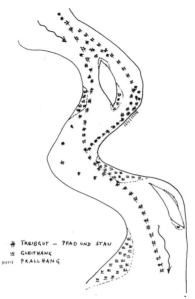

Solimões Treibgut – Hochwasser steigend –

Die Schilfinseln, die teilweise bis zu zwei Kilometer maßen, trieben auf dem Hauptstrom. Für uns blieb reichlich Kroppzeug übrig. In dieser Region nimmt der Solimões den kleineren Bruder des Rio Juruá, den gleichfalls krümmungsreichen, 500 Meilen schiffbaren Rio Jutaí auf.

Von der Ilha do Timboatuba fuhren wir, Tocantins drüben lassend, am Südostufer teils unter Segel, teils mit Motor in die Paranás der Inseln vor der Mündung des von Westen kommenden Rio Içá. 900 Meilen lang, ist er ein wichtiger Transportweg für Mineralien und landwirtschaftliche Produkte; die Ortschaft Santo Antonio liegt nördlich von seinem Ausgang.

Die Gegend war recht einsam geworden, größere Schiffe selten. Die Kanus am Flußrand waren häufig geschwinder als wir; die Insassen bückten sich einfach und paddelten durch die Sträucher. Ganz langsam, dafür um so leichter, kamen sie am Tau hinter uns hergezogen nach Hause; einmal waren es 12 Meilen vom Einkaufsort zur Hütte und ein andermal:

„Junge, Junge, beinahe hätten wir die ganze Besatzung samt Ladung an einem Gebüsch abgestreift!"

Allerorten sahen wir Urwaldwerften im Einmannbetrieb. Aus Stämmen wurden bis zu 10 Meter lange Kanus geformt; das selbstgefertigte Paddel glich in diesem Landstrich einem Pik-As mit verlängertem Schaft.

Durch unseren Mast war ‚Krios' von weither auszumachen, und außerdem florierte der Dschungelnachrichtendienst. Die Menschen kamen gelaufen, um das seltsame Fahrzeug zu bestaunen, das so verschieden war von den ihnen vertrauten. Die Frauen lugten durch die Büsche; winkten wir, schaute jeder vorher, wie der andere reagierte. Erst in Peru haben wir erlebt, daß sie von sich aus grüßten. Mutiger, dennoch immer bescheiden, waren sie in größeren Gemeinschaften; besonders die Kinder machten Zeichen, wir sollten zu ihnen kommen, und sie boten uns Früchte an. In ihren Einbäumen, mit denen sie herumtollten wie bei uns das junge Volk mit dem Fahrrad, paddelten sie heran, um zu verkaufen, was sie hatten: Fische, lebende Enten oder Papageien. Ohne Schrammen an der Bordwand ging das nie ab. Du kannst ihnen aber nicht böse sein, denn sie sind so interessiert und wißbegierig, daß die Freude daran den Schaden leicht aufwiegt. Während die Jungens fesch an Deck kletterten, saßen die Mädchen still auf ihrer Ruderbank und blickten kaum auf.

„Ich habe das Empfinden, daß die Menschen glücklich und zufrieden sind, und zu hungern braucht wohl keiner."

„Ja, das glaube ich auch, obschon zu jeder Familie mindestens sechs bis acht Kinder gehören."

Was fehlte, war eine ausreichende ärztliche und zahnmedizinische Versorgung, trotz der Sanitätsschiffe der Kriegsmarinen, die Brasilien und Peru eingesetzt haben. Schlechte oder gar keine Zähne hatten fast alle, doch wer

Ersatz im Munde führte, zeigte ihn leuchtend mit viel Gold.

Es gab zwei Kategorien, in die wir eingestuft wurden. Über die eine lächelten wir, denn sie war harmlos: Ein alter Mann kam mit seinem Kanu längsseits.

„Faça favor, wir hätten gern eine Bibel. Könnten Sie ...?" Wir konnten nicht. Dafür bekam er eine Salami, aber es war eine unzureichende Alternative für seine Bedürfnisse.

„Verstehst du, warum er mich danach gefragt hat?"

„Natürlich, mit deinem Vollbart und den grauen Haaren siehst du aus wie ein Priester."

„Wie, ich ein Padre und du meine Haushälterin! Was hat er denn für Vorstellungen von der Geistlichkeit."

Über die zweite lächelten wir nicht, denn sie war bitter ernst: Ein junger Mann kam mit seinem Kanu längsseits.

„Faça favor. Können Sie uns etwas gegen die Schmerzen unseres Babys verordnen? Wir haben schon auf Sie gewartet." Wir konnten. Er bekam eine Packung Tabletten, aber es war eine unzureichende Alternative für seine Bedürfnisse.

„Verstehst du, warum er mich danach gefragt hat?"

„Natürlich, mit deinem Vollbart und den grauen Haaren siehst du aus wie ein Medizinmann."

„Da bin ich aber neugierig, was uns mein fein gestutzter Bart zukünftig noch an Berufsimage einbringt."

In einem rechtwinkligen Bogen, 1,5 Kilometer breit und 30 Meter tief, wendet sich der Fluß für 80 Meilen nach Westen. Durch die Seitenarme der Ilhas Amataurá, Amatachiro, Passeur, São Paulo und Corneta gelangten wir zu dem Paraná der Ilha Rosarino, gegenüber dem Ort Santa Rita de Weil.

In São Paulo de Olivença hatten wir von einem Schiffer aus seinen vielen Dieselfässern auf dem Dach – eine Vorsorge, die alle Boote in dieser Region treffen – Treibstoff

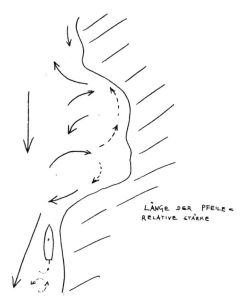

Solimões Marañon – Strömungsverhältnisse bei Hochwasser am Uferrand und in Buchten

bekommen. Der Tankwart im Ort hatte mit dem Daumen nach unten gezeigt.

Der Capitão verabschiedete uns: „Alle Tankstellen, die Sie bis Leticia sehen, sind eine Fata Morgana!"

Mehrere Ufersäume auf der letzten Strecke waren überschwemmt gewesen, nur durch die im Wasser stehenden Bäume kenntlich. Und Schilf. Und Treibgut. Mitten drin ‚Krios'. Ein gräßliches Geräusch, der Bug hob sich, schürfte über ein untergetauchtes Holz. Der Rumpf neigte sich zur Seite, schabte, hing einen Augenblick über, schaukelte, rutschte nach vorn weg. Der Schreck legte sich nicht bevor wir merkten, daß ‚Krios' unermüdlich weiterackerte. Wir waren beruhigt, aber wie lange?

Es blieb keine Wahl, denn wo der Strom es zuließ, noch Fahrt über Grund zu machen, lauerten die piranheiras, und weiter draußen war er zu mächtig.

„Bloß gut, daß unser Schiff aus Stahl ist, mit einem Kunststoffboot käme ich keinen Schritt weiter mit."
Karin meinte es ernst.
„Das kannst du zweimal sagen!"
Ich war genauso froh.

Der Weg zu unserer derzeitigen Ankerstätte war mühsam und anstrengend. Sie war auch nicht die beste. Ein bißchen viel Grasmixtur schwamm am Liegeplatz vorüber; aber es war zu dunkel geworden, um zu verlegen.

Nach dem Erwachen sahen wir die braunen Allesfresser. Bislang war es uns gelungen, sie aus unserem Heim zu verbannen: Kakerlaken. Spanisch als cucaracha zu Schlagerruhm gelangt, marschieren sie rotbraun so zahlreich durch die Tropen wie Spaziergänger auf dem Kudamm in Berlin; auch so wohlgenährt sehen sie aus. Sie sind doppelt so groß wie unsere heimischen Küchenschaben. Mit Erfolg hatten wir Kisten und Kästen, Tüten und Verpackungen bis hinein in sämtliche Kanten und Falten geprüft, bevor wir sie verstauten. Die Wiesel der Dielenritzen in den Fächern zu haben, machte uns sauer. Wir orteten das Ungeziefer allüberall. In Behausungen an Land mag der Kampf dagegen aussichtslos sein; wir überlegten nicht lange und verbrauchten fast unseren gesamten Vorrat an Vertilgungsmitteln.

Beim Ankeraufgehen erlebten wir die zweite Bescherung. Unsere Kette hatte eine Schilfinsel eingefangen. Die Winsch war zu schwach, das Eisen durch das Gestrüpp zu ziehen. Es war so ineinander vertüdert, daß es geraume Zeit dauerte, bis wir uns mit Bootshaken und Machete davon gelöst hatten. Die Schaben mußten aus dem Schilf gekommen sein.

15 Meilen südlicher stiegen wir in den verwirrendsten Teil des Solimões ein. Er bildet eine gedehnte S-Kurve, die in Richtung West ausläuft. Sandbänke, kleine und große Eilande, zerrissen, verstreut, unübersichtlich, in je-

dem Jahr verändert, weggeschwemmt, frisch angelandet. Ein Alptraum für den Kapitän, ein Leckerbissen für den Navigator. Nachdem wir diese Barriere überwunden hatten, fiel uns ein Stein vom Herzen. Wir stärkten uns nordwestlich der Ilha Arariá für die verbleibenden 16 Meilen bis Tabatinga.

„Ein Kinderspiel gegen das, was wir durchgestanden haben; härter kann es kaum noch werden. Ob man uns für verbohrt hält oder nicht, wir werden uns schon irgendwie durchwurschteln", ermutigte ich Karin – und übertönte die warnende Stimme meines Schutzengels.

In der Abenddämmerung machte nahebei die ‚Esperança' am Ufer fest. Geraldo ließ sich von seinem Schiff zu uns übersetzen. Wir hatten uns in Belém und Santarém getroffen und freuten uns sehr, ihn wiederzusehen. Seine internationalen Geschäfte als Holzfachmann führten ihn durch Amazonien, zu Fuß, auf Booten seiner Flotte und durch die Luft.

„Du kennst deinen Wald und dessen Bewohner, erzähl uns doch davon."

Wir hatten es uns auf den Polstern im Cockpit gemütlich gemacht. Die Petroleumlampe beschien den kleinen Tisch mit den Zinnbechern und der vier Jahre alten Flasche Apfelkorn „Captn's Special". Ein Moskitonetz schirmte uns gegen die Insekten ab.

„Ihr könntet die ärgsten Typen sein, ich würde euch doch besuchen, nur wegen des Apfelkorns!"

Wir kannten seine Vorliebe dafür.

„Laß man, Geraldo, Adam hat den Apfel ja auch nur angenommen, weil er wußte, was man daraus für ein Gesöff brauen kann."

„Claro, es ist ärgerlich, daß der Apfelbaum in Amazonien nicht gedeiht, trotz der 18 000 verschiedenen bekannten Pflanzenarten; eine vollständige Klassifizierung steht noch aus. Die üppige Vegetation sollte euch nicht darüber hinwegtäuschen, daß sie auf mineralisch weitgehend verarmten Böden steht; sie lebt von ihrer eigenen Substanz. Humus wird gar nicht erst angereichert, die Wurzeln nehmen ihn sofort auf. Ihr müßt es euch als ein mit sich selbst im Gleichgewicht befindliches, geschlossenes System vorstellen, das größte zusammenhängende Waldgebiet der Erde."

„An den Ufern haben wir aber relativ viele Agrarflächen gesehen."

„Seguro, das Várzea – fruchtbares Schwemmland an den Flüssen – nutzen wir zum Teil für Rinderzucht und Gartenbauprodukte; leider macht es gerade 2% der ganzen Fläche aus. Die übrigen, hochwasserfreien, hügeligen 98% nennen wir Tierra Firme; Ackerbau ist nur in wenigen Gegenden erfolgversprechend, der Rest hat sandige Böden. Fängt man an auszuroden, wird das bißchen Humus weggespült, das Land unfruchtbar und es versteppt. Darum muß gedüngt werden, aber das kostet Geld."

„Wie steht's mit dem Rohmaterial für die Möbel- und Bauindustrie?"

„Was die Edelhölzer betrifft – Mahagoni, Teak und andere – habt ihr sicher die Vorstellung, der Wald müsse davon strotzen. Dem ist nicht so. Die lohnenswerten Stücke sind Einzelexemplare und weit verstreut. Die geschlagene Lücke füllen minderwertigere und schnell wachsende Arten aus, mit dem Ergebnis, daß es immer weniger Teakbretter gibt.

Das ist die eine Seite der Medaille. Ihr in Deutschland macht alles 100%ig. Uns genügte das nicht; wir wollten 150%. Ich meine damit die Idee der Gesamterschließung dieses Gebietes von der Größe Europas in kürzester Zeit: Mineralien, Getreide, Fleisch und Lebensraum – zu Lasten des Waldes. Wir hatten zwar den Einfall, aber es fehlte das Kapital. Mit günstigen Krediten und Steuervorteilen verkauften wir, was das Zeug hielt. Ihr kennt vielleicht den Rio Jari und wißt, daß dort der Amerikaner

Daniel Ludwig Grund zur Celluloseherstellung erworben hat, jedoch bestimmt nicht wieviel: 1,2 Millionen Hektar!"

„Unser Land hat sicherlich auch die Finger im Spiel."

„Sim, die Deutschen mischen ebenfalls mit: VW, das heißt, die Tochtergesellschaft Vale do Rio Cristallino, besitzt ein Rechteck von 30 mal 50 Kilometer am Rio Araguaia, der in den Rio Tocantins mündet, im Staat Goias. Jungfräulicher Wald wurde niedergewalzt, verbrannt und Gras eingesät; was an Bäumen wertvoll schien, blieb stehen, damit sich Kühe daran reiben können. Wenigstens war man so einsichtig, 50% des Bestandes zu belassen; immerhin sollten nicht die Flüsse vertrocknen und die Rinder verdursten. Wenn der Wald das Hochwasser nicht mehr aufhält, läuft es zu schnell ab, erodiert den Boden und die Trockenzeiten werden länger.

Das sind Beispiele von fazendeiros (Großunternehmen). Die sertanejos, arme Siedler, die aus dem Hochland im Innern des Nordostens kamen, stehen dem nicht nach. Entlang der strategischen Straßen, die selbst dem Dümmsten beweisen, daß dies unser Territorium ist und andere gefälligst ihre Finger davon zu lassen haben – die Norte nördlich, die Transamazónica südlich von uns und drei Nord-Süd-Verbindungen –, hauen diese Kleinfarmer ihre Parzellen, ob mit oder ohne Besitzrecht, aus dem Wald. Wenn der Ertrag ihrer Superschrebergärten nicht mehr ausreicht, versuchen sie es anderswo von neuem. Sie hinterlassen zerstörte, wüstengleiche Erde."

„Die Straßen zu bauen hat bestimmt eine Menge Schweiß gekostet."

„Die Pionierleistungen beim Wegebau waren ungeheuer; jetzt sind manche Strecken bereits wieder unpassierbar, da ihre Unterhaltung zu aufwendig ist. Natürlich sind Straßen ein Band von Mensch zu Mensch und von Stadt zu Stadt. In diesem Land jedoch verbinden sie Mensch und Natur – und der Mensch mißbraucht die Natur. Es bietet sich wahrlich ein großes Feld. Das will man daraus machen: 50% landwirtschaftliche Nutzung, 10% Wasser- und Überschwemmungsgebiete, 20% Wirtschaftswald und 20% Urwald. Wenn diese Planungsvorhaben über die Verteilung in Nutzflächen und Waldreservate verwirklicht wären, hättet ihr eure Fahrt nicht anzutreten brauchen; 20% des Urwaldes hätten euren Traum kaum erfüllt. Soviel Durchblick bieten selbst Chausseebaumreihen, wo sie noch vorhanden sind."

„Dies sind ja düstere Zukunftsvisionen."

„Auch abseits der Wege werden zunehmend mehr Narben in unseren Wald gegraben. Der Abbau zum Beispiel von Bauxit am Rio Trombetas, Gold und Edelsteine in Amapá und Pará durch die garimpeiros – der schwarze Markt floriert um 80% besser als der offizielle – reißt tiefe Wunden. Bis 1977 sind 30% des ursprünglichen Waldbestandes verschwunden, seit die Europäer Amazonien entdeckt haben. Dafür bauten sie Städte und brachten die Pocken und die Pest. In den vergangenen Jahren gingen, durch Satellitenforschung erhärtet, weitere 5% unter."

„Wald und Indianer teilen wohl das gleiche Schicksal?"

„Der Wald litt und leidet wie seine Ureinwohner. Der gehetzte, kleine übriggebliebene Indianerhaufen wird unverantwortlich weiter dezimiert. 350 000 Indios, schätzt man, leben noch ungebunden, davon 100 000 bei uns in Brasilien. Ein willkommener, primärer Wirkungsbereich für fanatische Missionare, die überzeugt sind, nur ihr Glaube sei seligmachend, obwohl inzwischen jeder aufgeschlossene Geist erkannt hat, daß allein Toleranz ein gesegnetes Miteinander verbürgt. Ihre uneigennützige Arbeit in der Betreuung Kranker und andere Leistungen sind nicht von ihrem Hauptanliegen zu trennen, wilde Heiden in zahme Christen zu verwandeln. Obendrein genießen sie überzogene Anerkennung für ihre Tätigkeit in der ‚Grünen Hölle', in der viele andere unter primitiveren Bedingungen ohne großes Aufsehen leben.

Es ist das alte Lied: Den Indios wird vorgeworfen, daß

sie zu viel herumschweifen, sich gegenseitig zerfleischen, und ihnen wird beigebracht, seit Jahrhunderten seien ihre Sitten und ihr Leben im Busch falsch gewesen; so gehe das nicht, Erde müsse bebaut werden. Und die Bäume fallen. Am Juruá bei Cruzeiro do Sul sind es Canamaris, Caxinagus und andere, die ein neues Leben erlernen mußten; den letzten großen, nicht kultivierten Stamm der Yanomamis hofft man, in einem Reservat retten zu können, wie die Maurás im Xingú-Park. Und die Ticunas und Yaguas werden von Leticia und Iquitos aus von Schaulustigen wie im Zoo begafft. Soll ich euch von den Campas in Peru berichten, die ihre Blasrohre nur noch vor den Mund halten, wenn sie gegen Bezahlung für Filmaufnahmen posieren? Früher erjagten sie sich damit ihre Beute."

„Gibt es keinen Lichtblick mehr?"

„Muito bem, lassen wir das. Ihr werdet euch ohnehin über meine Meinung wundern; ich lebe nicht schlecht vom Wald. Aber ich denke nicht nur ans Geldverdienen wie die meisten Kollegen. Wann immer möglich, nehme ich behutsam Rücksicht, wo es der Bestand verlangt. Wir dürfen ihn nicht unbedacht abholzen, wie es vielerorts auf der Welt zugunsten der industriellen Entwicklung geschehen ist. Andererseits können wir nicht, nur weil plötzlich das Umweltbewußtsein entdeckt wurde, auf eine sinnvolle Nutzung Amazoniens verzichten. Es ist utopisch, dort einen Baum stehenlassen zu wollen, wo eine Ölquelle unter Tage auf den Bohrer wartet."

„Und welche Alternative schwebt dir vor?"

„Für mich liegt die Lösung darin, den Schwerpunkt der Erschließung auf die Bodenschätze und auf Wasserkraftwerke zu konzentrieren. An diesen Stellen müssen die Pflanzen weichen. Unübersehbare Viehweiden indessen sind kein Äquivalent für geopferten Wald, von den damit verbundenen klimatischen Veränderungen ganz zu schweigen. Der Urwald kann ja nur gedeihen, wenn ein möglichst über das ganze Jahr verteilter Niederschlag von

1500 Millimeter gewährleistet ist. Unter diesem Minimum hört der Regenwald auf zu existieren. Äcker, Wiesen und Rinder gibt es in Südamerika ausreichend. Ich halte es für überflüssig, immer mehr Wiederkäuer zu halten und Korn mit teurem Dünger anzupflanzen."

„‚Was ist mit der Holznutzung?"

„Sofortige Aufforstung, damit keine Breschen entstehen. So bliebe eine Überlebenschance für die Indios. Allein mit der Sachkenntnis von Wissenschaftlern in Zusammenarbeit mit Praktikern können hierbei grobe Fehler vermieden werden. Das heißt aber: erst gründliche Ausbildung von Fachkräften und dann an die Front."

„Die Übervölkerung macht euch viel Kopfzerbrechen. Ist es nicht Nonsens, euer Land kahlzuschlagen, um den begehrten Lebensraum zu gewinnen?"

„Evidente. Statt dessen sollten wir Pipelines in Gebiete des trockenen Nordostens, der kein Grundwasser besitzt, verlegen. Der Dschungel würde erhalten und das Süßwasser besser verteilt. Im Vergleich zu den Ölleitungen im permanent frostigen Alaska wäre es eine Bagatelle, Wasser in die Caatinga, nach Ceará, Pernambuco und Bahía zu pumpen. Von den hiesigen Flüssen sind es weniger als 2000 Kilometer in das brasilianische Bergland. Ich finde es absurd, daß Amazonien als Überdruckventil für die Bevölkerungsexplosion herhalten soll – im Zeitalter der Pille!"

Es war spät geworden. Auf unsere drängenden Fragen hatte Geraldo einen Einblick in das vielschichtige Amazonassyndrom gegeben, das ringsum emotionell aufgeladen diskutiert wird. Wir schweigen. Das flackernde Licht der Petroleumlampe fiel auf das bekümmerte Gesicht unseres Freundes. Wir verstanden gut. Wir kamen ja vom Rhein und seinen verschwundenen Auen.

* * *

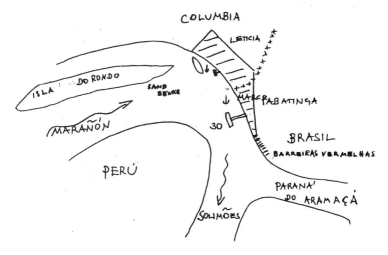

An der Grenze

Der Paraná do Aramaçá leitete uns nach Norden in den Hauptstrom. Barreiras vermelhas, denen wir tunlichst ausgewichen waren, weil sie regelmäßig Wirbelgebiete anzeigten, hielten zum Glück nicht, was sie sonst ankündigten. Dafür hatten wir es um so schwerer, die vollbesetzte, schwimmende Landungsbrücke von Tabatinga, dem Grenzort zu Kolumbien, zu umfahren. An großen Tonnen befestigte Kabel zwangen uns auszuweichen. Mit Vollgas kamen wir letzten Endes klar.

Gegen Mittag fiel der Anker vor einer Einbuchtung des Steilufers beim Ortsteil Marco. Die Wiesenbänder blieben am Gegenufer. Dicht gedrängt lagen die Schiffe am Anlegeplatz; wegen der Hänge konnten wir den Ort nicht sehen. Um uns noch am selben Nachmittag aus Brasilien abzumelden, sputeten wir uns, das Schiff aufzuräumen, pellten uns in Landkluft und ruderten mit dem Dingi in die verkeilte Bootsansammlung. Obwohl Dienstag, war

ein Betrieb wie auf dem Wochenendmarkt; wir hatten auf der 82. Ankerstelle 1830 Meilen seit Belém im Kielwasser.
Unser Fall beschäftigte den Dienststellenleiter und drei Beamte der Polícia Federal.

Erstens sei unsere Aufenthaltsgenehmigung abgelaufen,

zweitens könne keine Begründung rechtfertigen, daß der Termin um vierzehn Tage überzogen wurde,

drittens ginge die Behörde das Ersuchen aus Tefé nichts an, sie sei Zivil und nicht Militär,

viertens dürften wir nicht mehr nach Brasilien einreisen,

fünftens, wenn wir nicht zahlten, pro Person und überschrittenem Tag – eine happige Summe,

sechstens müßten Abdrücke von allen zehn Fingern genommen und

siebtens unser Vergehen in die Pässe eingetragen werden,

achtens befolge man nur einschlägige Gesetze.

Eine Beschwerde kam aus Zeitgründen nicht in Betracht. So kapitulierst du vor der Übermacht der Bürokratie, beehrst die Verbrecherkartei und zahlst. Es führt halt kein Fluß über die Anden, der es uns erspart hätte, noch einmal das Gastrecht des Landes in Anspruch zu nehmen.

„Mir ist zwar der Appetit verdorben, aber hungrig bin ich dennoch." Karin schnupperte in Richtung einer Seitenstraße. „Eine Churrascaria ist nicht weit."

Es war eine von den Gaststätten, in der du für einen festen Preis so viel Spießbraten verschiedenster Fleischsorten bunkern kannst, daß dir wie Max und Moritz ein runder Bauch wächst und die Keule aus dem Munde steht. Wir gaben früher auf. Ausgesöhnt mit der großen Welt, enterten wir unseren Kumpan ‚Krios', der so viele Meilen mit uns über Stumpf und Stiel gehürdelt war.

„In der Frühe geht's weiter, braver Kerl, nach Kolumbien", und ich klopfte dankbar an den Rumpf.

„Morgenstund hat Schilf im Mund", sang der Ausguck, der die Laterne vom Vorstag löste.

Ich besah mir den Salat. In der Nacht hatte der Wind gedreht und das Gemüse herübergetrieben. Die Gabel der Rolle, über die die Kette läuft, war verbogen, die Strömung so stark, daß die Ankerkette straff nach unten durchgedrückt wurde. Was uns aber hinderte, unseren Kaffee zu trinken – das Zweitschrecklichste, was mir zustoßen kann –, war die endlose Front des Grüns, das auf ‚Krios' zielte.

Fetzen konnten wir mit dem Bootshaken herausholen. Von der Badeleiter aus hieb ich mit der Machete in den Wust, daß die Mücken flogen. Ich klammerte mich an die Kette, robbte auf den schwimmenden Untersatz und faßte festen Fuß – auf einem Stamm. Den Spinat wühlte ich beiseite und setzte mich hin. Er war so voluminös wie ein Pferdeleib. Mit Händen und Füßen stocherte ich.

„Der läßt sich nicht verrücken", rief ich nach oben, „und bleibt breitseits quer zum Strom. Allein kann ich nichts ausrichten."

An Land und auf den Booten verfolgten hundert Augenpaare amüsiert meine Strampeleien.

Mir war nicht nach Lachen zumute. Ich gab Zeichen, fast heulend vor Wut. Drei Männer in einem Kahn mit 50 PS Außenborder kamen zu Hilfe. Um das eine Ende banden wir eine Leine, das Boot zog mit aller Kraft an, und der Balken mitsamt dem Drum und Dran bewegte sich, schwankte, rückte nach Backbord und schwamm davon. Die Helfer packten noch mit an, die Kette von den Überbleibseln zu entledigen, und fuhren winkend ab, ohne daß wir Zeit gehabt hätten, auch nur „Danke" zu sagen.

„Wir dürfen keinen Augenblick verlieren, neues Treibgut naht!"

Das war leichter gesagt als getan, denn an der verrenkten Rolle verfingen sich die Kettenglieder, und nur ruckweise holten wir Meter für Meter ein. Aufschauend gewahrten wir, daß ein großer Ast mit seiner Zuladung die Bahn versperrt sah. Der Anprall rupfte den Haken aus dem Grund; kein Hauch wehte. Tabatingas Landungsbrücke und Kabel rasten uns entgegen.

,Krios' stellte sich schräg, das Eisen hing frei, Tiefe 43 Meter; als wir mit der 5-Knoten-Strömung gleich trieben, löste sich das Gehölz von der Kette. Offensichtlich hatten sich Pflanzenteile an Kiele und Schraube gehängt, denn nachdem wir die Maschine gestartet hatten, war das Tempo sehr gering. Anker plus 10 Meter Kette bremsten zusätzlich. Die Brücke kam herzbeklemmend näher; allmählich nur begannen sich ihre Konturen vor dem Hintergrund zu verschieben.

„Wir schaffen es!"

Mehr eine Beschwörung als eine Tatsache. Der Motor kreischte. Unter das Eisengitter oder den Draht zu geraten wäre das Aus unserer Reise; über Deck würde alles abrasiert. Wir peilten die Flußmitte an, wo kein Gras schwamm. Geht der bittere Kelch an uns vorüber?

„Jein, Jaein, ja, jaja"

– haarsträubendes Finale, der Zwischenraum winzig. Er hat gereicht!

Wir stellten den überhitzten Diesel ab und holten Hand über Hand den Anker ein. Tauchend polkte ich das Kraut los. Mit Benommenheit arbeiteten wir uns zum zweitenmal am Anleger hoch, danach am Schauplatz des Beginns der Aufregung und erwiderten den Gruß der Schiffer, denen das Amüsement und Frotzeln angesichts unseres Überlebenskampfes vergangen war.

Hinter einer vorgelagerten Insel bot sich ein geschützter Unterschlupf an. Kein Krautsalat, kein Holz. Wortlos räumten wir auf. Zitterten mir noch die Knie? Zuletzt brach es aus Karin heraus, die vor nichts Angst hat als vor Mäusen:

„Das war entsetzlich!"

„Ja, es war meine Schuld."

„Was!?"

„Ich hätte wissen müssen oder mir denken sollen, daß wir zu exponiert lagen."

„Du kannst doch nichts dafür, daß nachts der Wind dreht und das Zeug auf unsere Seite bläst."

Allein, ich hatte die vierte Lektion, die uns der Amazonas erteilte, auswendig gelernt:

„Der Fluß ist unberechenbar, damit hätte ich rechnen müssen."

Um die Rollengabel zu reparieren, schuftete ich einen ganzen Nachmittag; die gediegene Form konnte ich ihr indessen nicht wiedergeben.

4. Kapitel

Bienvenido in der Einsamkeit (Marañón)

Leticia – Iquitos

Wir überschritten die unsichtbare Grenze, die Brasilien von Kolumbien trennt, und trafen am Kai von Leticia mit seinen schwimmenden Hangars ein. Was sich auf dem Wasser vor der Stadt abspielt, läßt dich vergessen, daß du mitten im Urwald bist. Fledermausdampfer, Schlepper, Kriegsschiffe – davon zwei Einheiten aus Brasilien und Peru –, Kanus gerudert, gepaddelt und mit knatternden Motoren, elektrischen Handmixern gleich; Boote mit Innenbord- und PS-starken Außenbordmotoren, Bunkerschuten, startende und landende Wasserflugzeuge, darüber deren größere Schwestern, unaufhörlich an- und abfliegend – es war ein Treiben, wie wir es uns nicht vorgestellt hatten.

Die Stadt mit einigen tausend Einwohnern ist der einzige Hafen Kolumbiens am Amazonas. Wie ein Handtuch schiebt sich die Staatsgrenze nach Süden und umfaßt am nördlichen Ufer des Flusses, der zu Peru gehört, ca. 50 Meilen. Um diesen „Leticia-Zipfel" entbrannte 1932-34 erneut der hundertjährige Konflikt zwischen Kolumbien und Peru, der 1935 im Vertrag von Rio de Janeiro beigelegt wurde.

Leticias Straßen enden im Busch. Es ist zwar kein Schmuckkästchen, doch die Häuser sind solide gebaut, die Wege begrünt, es gibt kleine Parks und saubere Plätze; auf den Avenidas Menschengewimmel, Buden, Lädchen und Mercados. Das Warenangebot ist vielgestaltig und reicht von Schokolade über deutsche Fischkonserven – beides immens teuer – bis zum Indiopfeil. Einheimische Tiere werden im Zoo gehalten und von Händlern verkauft. Ebenso wie in ganz Amazonien ist es verboten, Tiere zu handeln, die von der Ausrottung bedroht sind; in jedem Jahr werden es mehr. Dazu gehört der Kaiman. Dennoch: in Französisch Guyane entlud unser brasilianischer Bootsnachbar aus Macapá 2000! Häute und ein großes Lagerhaus am Hafen war voll damit bis an die Decke.

Gerade hatten wir uns fertig gemacht, um an Land zu gehen, als ein Mann mit Fotoapparat aus dem Kanu heraus höflich fragte, ob Aufnahmen erlaubt seien.

„No problema."

Er außenborderte zurück, und Minuten später stand auf unserem Deck der Familienverband. Er wurde sofortbildverewigt, und wir durften das Ergebnis bewundern. Das Schiff war voll abgelichtet, die Familie als Pünktchen zu erahnen. Ein zweiter Clan schloß sich an.

„Was mögen sie ihren Verwandten und Freunden erzählen, wenn sie die Bilder vorführen?" fragte ich Karin. „Weder für uns noch für unsere Nationale haben sie sich interessiert."

„Keine Ahnung, wir werden uns beim nächsten Schub erkundigen."

Der kam nicht, und so blieb die Frage offen.

„Hoffentlich haben sie ‚Krios' nicht dahingehend taxiert, daß er als brauchbares Schmuggelschiff in ihren Katalog eingereiht wird", äußerte ich einen vagen Verdacht.

Ein Einbaum setzte uns über. Es war der Beginn einer Parforcetour, um einen ansehnlichen Betrag Cruzeiros in US Dollars oder peruanische Soles zu wechseln. Mit einem Colectivo fuhren wir über die nur durch Flagge und einen alten Markstein gekennzeichnete offene Grenze nach Tabatinga; die Orte gehen ineinander über. In beiden ansässigen Bankfilialen hoben die uniformierten Angestellten die Augenbrauen:

„Não possivel – es geht nicht, Sie müssen sich an Manaus wenden."

Ein Taxifahrer schlug vor, es in einer Großhandelsfirma zu versuchen.

„Que pena – wie schade, vorgestern ist mein Partner mit unseren Dollareinnahmen nach Brasilia geflogen. Kommen Sie in zwei Wochen wieder, não problema."

Wir klapperten ungezählte Wechselstuben und Banken in Leticia ab. Sie machten tolle Geschäfte mit Dollars und Pesos, aber:

„Cruzeiros? Die kaufen wir nicht, der Kursverfall ist zu rapide."

Mit wunden Füßen endeten wir in einer Bar. Flehenden Blickes fragten wir vorsichtshalber:

„Können wir mit Cruzeiros bezahlen?"

Ein zögerndes „si" rettete uns vor dem Verdursten.

Eine zusätzliche Strapaze hatte zu unserer Erschöpfung beigetragen. Wir befanden uns in einem geistigen Zustand sprachlicher Verwirrung. Unser Portugiesisch wurde einigermaßen verstanden, aber als wir anfingen, in halb vergessenem Spanisch zu radebrechen, kam ein Kauderwelsch heraus, das unseren Gesprächspartnern viele „como"s entlockte.

Am Nebentisch redete ein lebhafter, in Tropiklook gekleideter junger Mann in einem Idiom, das in unseren Ohren nach Beethoven klang. Er sprach mit Teilnehmern einer Berliner Reisegesellschaft. Ein Reifen ihres Flugzeugs war vor dem Start geplatzt. Seit einem Tag warteten sie darauf, daß es dem Mechaniker gelingen würde, den Schaden in den nächsten Stunden zu beheben. Wir wandten uns an ihn und baten um Rat und Tat wegen der leidigen Geldgeschichte.

Hans, seit Jahren Manager für Urwaldtourismus: „Ich mache euch mit einem Geldmenschen bekannt. Soles ist nicht, nur Dollar. Ihr müßt aber damit rechnen, ein Verlustgeschäft zu machen. Probiert es vorher lieber in Benjamin Constant."

„Vielen Dank, Hans."

In dieser brasilianischen Grenzstadt zu Peru mit 150 000 Einwohnern bestand alle Aussicht auf Erfolg.

Mit der Fähre ging es den Solimões abwärts in die Mündung des Rio Javari, 10 Meilen von Tabatinga; das westliche Ufer ist peruanisch. Die Fähre hatte eine knappe Stunde Aufenthalt. In dieser Zeitspanne rannten wir durch den Ort, wie Touristen durch den Vatikan, bis wir wußten, daß es Sägemühlen, Banken, Hotels, Großhandel in Landmaschinen, Werkzeugläden und Verkehrsadern nach Boa Vista und Cruzeiro do Sul gab, aber keine Dollars oder Soles für uns.

Wieder in Leticia, sah uns Hans den Mißerfolg auch ohne Fernglas an. Wir wechselten. Der Geldmensch konnte drei Jahre üppig leben. Hätten wir die Cruzeiros für die Rückreise aufbewahrt, wäre der Verlust noch größer gewesen.

Vor bösen Menschen in dieser Stadt waren wir mehr gewarnt worden als vor Beelzebub; wir trafen nur den einen. Schließlich können nicht sie für das abweisende „no" verantwortlich gemacht werden, sondern die brasilianische Inflation.

Wir waren gezwungen, einen Teil unseres sauer erworbenen Geldes gleich wieder auszugeben, weil sich von der Motorwegerung eine Stütze gelöst hatte, die angeschweißt werden mußte. Deshalb legten wir längsseits einer alten Schute an.

Der empfohlene Experte kam mit seinem Helfer pünktlich spanisch zwei Stunden später als bestellt, besah sich den Schaden und nickte:

„No problema."

Der Gehilfe schabte an der erstbesten sichtbaren Stelle Farbe vom Rumpf, um die Erdung zu befestigen, ohne daß ich es so schnell verhindern konnte. Der Meister zog das antike elektrische Pluskabel über die Bordwand, machte es sich auf dem Motor bequem und fing zu schweißen an, daß die Funken stoben, und verpaßte

,Krios' dabei einen gehörigen Stromstoß, der das UKW-Radio außer Gefecht setzte.

„Mira, die Kupferleitung zum Dieselüberlauf, die Sie außerdem gerade zerdrückt haben, können Sie gleich mit reparieren."

„Si, si", brummte er, ohne von seiner Arbeit aufzusehen.

„Und den Betrag von unserer Rechnung abziehen", fügte ich hinzu.

Er ruckte mit dem Oberkörper, blickte zurück und wollte wohl eine empörte Antwort geben. Die blieb ihm jedoch im Halse stecken. Mit seiner Elektrode war er zu nahe an einen Lappen gekommen, mit dem ich zuvor den dieseligen Boden aufgewischt hatte.

Wurde es ihm unter den Sohlen zu heiß? Er sprang fluchtartig aus dem Motorraum ins Cockpit und mit einem Satz auf die Schute. Ich hüpfte an seiner Stelle hinein, ergriff den schwelenden Fetzen, natürlich nicht, ohne meine Hand erheblich zu versengen, und warf ihn über Bord.

„So muß man das machen", wandte ich mich an den heldenhaften Handwerker und hielt ihm meine angeröstete Pratze unter die Nase.

„Hombre, hombre!"

„Nix hombre, Geistesgegenwart."

Doch selbst ich hatte das Gefühl, daß meine Stimme zu lässig unterkühlt klang.

Obwohl gebrandmarkt, habe ich das Feuer trotzdem nicht scheuen gelernt. In Zweierformation in der F-84, ich als Rottenflieger meines Kameraden, rauschten wir, vollgetankt bis an die Halskrause, die Startbahn hinunter. Für das einsitzige Kampfflugzeug, schwer gebaut und mit Zusatztanks ausgerüstet, reichten die 3 Kilometer der Piste gerade hin, um abheben zu können; ein Bremsschirm andererseits half, die durch das Massemoment erforderliche Landestrecke zu verkürzen.

Der wolkenlose Frühlingstag versprach einen sonnigen Tiefflug. Wir hoben gleichzeitig ab, als ich im selben Augenblick meinte, er zöge seine Mühle zu steil hoch. Doch das war eine optische Täuschung, denn nicht er stieg übermäßig, sondern ich fiel. Strömungsabriß im Triebwerk durch Luftverwirbelung!

Mit donnerndem Krachen setzte die Maschine hinter dem Zaun des Flugfeldes in der Landschaft auf. Die Zusatztanks lösten sich von den Tragflächen und explodierten mit hoch aufflammenden Feuersäulen. Was dann geschah, erlebte ich, obschon mit 300 km/h, wie in Zeitlupe.

In Fortsetzung der Rollbahn verlief eine Landstraße, auf der rechten Seite von einer Böschung eingefaßt. Das linke Fahrwerk kareelte über den Asphalt, während das rechte Flügelende auf dem oberen Teil des Abhangs entlangglitt. Die Straße machte eine Kurve nach rechts, doch mit der ihr innewohnenden Fliehkraft splitterte die Kiste mit mir quer über die Fahrbahn auf die anschließende Wiese, wobei nun Bugrad und Hauptfahrwerk zusammenbrachen und ich das Wort Bauchlandung ernst zu nehmen hatte. Der Rumpf wurde aufgerissen und entzündete den Treibstoff, der sich in den Tanks unterhalb der Kabine befand.

Unversehens stießen die Flammen ins Cockpit und benahmen mir die Sicht.

„So also ist es, wenn man stirbt", durchzuckte es mich.

Vor meinen Augen tauchten blitzartig Bruchstücke eines Films auf, den ich einmal gesehen hatte. Ein Düsenjäger schoß über das Deck eines Flugzeugträgers hinaus und stürzte ins Meer. Deutlich war zu erkennen gewesen, wie verzweifelt der Pilot sich mühte, die verzogene Haube zu öffnen bis er versank.

„Nur nicht eingeklemmt werden!"

Panik stieg hoch. Routine siegte. Ich zog den Abwurfhebel: Das Dach flog davon, wie es sollte.

Ich saß im Freien, aber der Luftzug des über den Ra-

REPUBLIC F-84F
"THUNDERSTREAK"

sen schlitternden Apparats entfachte den Brand im Cockpit erst recht.

Feuer, Feuer allüberall! Es leckte an meinen Stiefeln empor, versengte die Nylonkombi, züngelte zwischen Instrumenten und schlug mir hell lodernd entgegen. Ich hing noch an der Gummi-Sauerstoffmaske, riß sie mir vom Gesicht und muß dabei ebenfalls die Kinnhalterung des Helms mit erwischt haben, das einzige, an das ich mich nicht genau entsinne. Mein Kopf war dadurch vollkommen ungeschützt der brüllenden Hitze preisgegeben, die mich fast umbrachte. Man fand den Helm später weit hinter dem Platz, wo mein Jet zum Stillstand gekommen war: 10 Meter von einem Waldrand entfernt, der das definitive Ende für das Flugzeug und mich bedeutet hätte, wären wir dort hineingejagt.

Benommen sah ich durch den Boden das Gras schwelen, hörte das Metall um mich knistern und knirschen, begann, mich aus dem Gurtwerk zu lösen, vorsichtig, um nicht den Schleudersitz zu betätigen. Der war durch das Abwerfen der Kanzel halbaktiviert, hätte jedoch als altmodische Konstruktion nur aus großer Höhe Rettung verhießen. Wankend stieg ich aus der Maschine und stolperte blindlings von dem glimmenden Trümmerhaufen fort, um bei einer Folgeexplosion nicht mit in die Luft zu fliegen.

Nur mühevoll konnte ich mich des Rückenfallschirms entledigen, legte ihn zu Boden und setzte mich darauf. Ich befühlte meine Knochen: Sie schienen alle heilgeblieben zu sein. Eigentliche Schmerzen verspürte ich noch nicht, aber meine Beine waren schmierig. Die Arme konnte ich nicht mehr bewegen, weil die Ärmel der ledernen Fliegerjacke sich in der Glut um die Hälfte verkleinert und verhärtet hatten. Die Handschuhe waren an meinen Fingern verglost und zusammengeschrumpft. Dann sah ich nichts mehr. Das gesamte Gesicht quoll auf, und die Augenlider verschlossen sich.

Ein Mann bemühte sich um mich, fragte immer wieder: „Was kann ich für Sie tun?"

„Nichts, nichts, die Rettungsmannschaft vom Fliegerhorst wird gleich eintreffen."

Der Fremde hatte mit seinem Auto Sekunden vorher die Stelle passiert, über die mein brennender Vogel raste. Selbst vor Schreck zitternd, war er sofort mit seinem Erste-Hilfe-Köfferchen zu mir gelaufen, erleichtert zu sehen, daß ich aus eigener Kraft dem Inferno entkommen war. Löschzug- und Krankenwagensirenen näherten sich.

Die Feuerwehrleute glaubten mich noch im Flugzeug und merkten erst, nachdem der Brand erstickt war, daß ihnen der Sitz leer entgegengähnte. Aus dem Stimmengewirr um mich herum erkannte ich den jungen Fliegerarzt, dem ich mich als sein bisher schwerster Fall präsentierte. Auf eine Trage gepackt und in die Ambulanz geschoben, gab ich zu verstehen, daß ich noch am Leben sei, und das wäre schließlich das wichtigste.

Die Qual begann im Sanitätsauto auf den Serpentinenstraßen in das 60 Kilometer entfernte Krankenhaus. Schmerzwellen überfluteten mich, und ich bat, mir ein Linderungsmittel zu verpassen. Aber aus Mangel an Erfahrung zog der liebe Doktor vor, mir nichts zu geben und statt dessen auf mich einzureden:

„Sie haben einen Schock, und darum kann ich keine schmerzstillende Medizin verabreichen. Außerdem weiß ich nicht, ob Sie innere Verletzungen haben."

Der Dialog dauerte die ganze Fahrt. Ich versicherte ihm, daß ich keinen inneren Schaden hätte, mich aber seine konstante Weigerung schockiere.

Das im voraus alarmierte Lazarett nahm mich endlich in seine Pforten auf. Noch auf dem Wege zum Operationssaal hatte man mir Spritzen injiziert und mich damit erst einmal von dem Martyrium erlöst. Die Fliegerkombination konnte nur teilweise von meinem Körper entfernt werden, denn manches war mit der Haut verklebt.

Karin besuchte mich wenig später, von einem anderen Krankenhaus kommend, in dem unser damals dreieinhalbjähriger Junge einer Mandeloperation wegen lag. Es genügte, ihre Stimme zu hören, denn sie fand, außer der diskretesten Stelle meines Körpers, keinen Fleck, den sie hätte berühren können. Mit der Entspannung kam der erwartete Schock, focht der Sensenmann einen Strauß mit mir, aus dem er mich am vierten Tag ermattet und schwarz-rosa gegrillt entließ.

Außer zwei Ausnahmen waren Kameradenbesuche untersagt; wohl weniger, um mich nicht zu stören, sondern ihnen den blühenden Anblick zu ersparen, den mein gerade 30 Jahre alter Korpus bot.

In Karins Worten spiegelte sich das so:

„Haare auf dem Kopf? Sie sind bis auf einen Schopf in der Mitte versengt; dafür sprießt dein Bart. So schwarz und rund ist dein Haupt, daß man dich für einen Indianer in Kriegsfarben halten könnte."

„Winnetou war schon immer mein Jugendideal, nur hat er sich nie bemalt und hatte langes Haar."

Vier Wochen pulte ich juckende Schorfstellen auf, bis ich es nicht mehr aushielt, als berühmtestes Exemplar Behandlungsbeispiel und Versuchskaninchen für die an meinem Heilungsprozeß interessierten Männer in Weiß zu sein.

Noch etwas anderes trieb mich an. Ich mußte mir selbstkritisch beweisen, ob mir der Geist der Fliegerei erhalten geblieben war. Kurz darauf gaben mir verständnisvolle Vorgesetzte und widerstrebende Ärzte grünes Licht, in einem Zweisitzer meine seelische Verfassung zu ergründen.

Der Start verlief ohne Infarkt. Das Flugzeug erhob sich brav in den Himmel, und ich wußte, daß ich nichts verloren, aber ein geschenktes Leben dazugewonnen hatte. Was machte es, daß ich Helm, Maske und Kombination von der schwärenden Haut förmlich rupfen mußte? Auch heute noch, trotz dreimaliger Narbenkorrekturen, habe ich Karin manchmal darauf aufmerksam zu machen, doch gefälligst Minipellkartoffeln zu schälen, da mir der wiederholt seitlich zugewachsene Mund lediglich erlaubt, dicke Bohnen einzeln zu essen.

Das alleinige, aus dem Flugzeug übriggebliebene Erinnerungsstück ist ein Magnetkompaß. Wir haben ihn auf ‚Krios' als Zweitgerät unter Deck angebracht, wo er rotierend statt fünfe 360 g(e)rade sein läßt.

* * *

Logbuch: 14. April 1981, Dienstag, UTC + 5 Std, Var. 002 W, 0700 h, Wind Nw 2 Bf, Wolken 4/8, dunstig, 1000 mb, 31°C, rel. Luftf. 79%, der vierte der vier neu plombierten Skipperzähne war gezogen worden, nun blieb keiner mehr.

Der Übergang in die Einsamkeit war nicht abrupt. Motorboote flitzten in allen Richtungen durcheinander; nur nach und nach wurden die Ansiedlungen spärlicher und durch Vogelkolonien abgelöst.

Es war die Zeit der Maniokernte, und ringsum stiegen aus dem Wald Rauchsäulen auf. Mit der Machete wurden von den Männern die Wurzeln ausgegraben, von den Frauen gereinigt und auf selbstgefertigten Maschinen mit mächtigen Schwungrädern gerieben und ausgepreßt. Zu jeder Hütte gehörte unter einem Extradach ein klobiger, kesselförmiger Lehmofen; auf ihm wurde in enormen, viereckigen Eisenpfannen – in Brasilien waren sie rund – das grobkörnige Mehl geröstet und ihm die Giftstoffe entzogen. Ein Paddel diente dazu, es in die Luft zu werfen und zu wenden. In verschiedenen Arten und Formen ist es der Hauptstärkelieferant der Bevölkerung.

Auch die Palmfrucht Açaí ist Volksnahrung; sie ist sehr füllend aber leicht toxisch und kann in Verbindung mit gewissen Nahrungsmitteln sogar zum Tode führen. Das Fatale ist, daß die Açaí-Palme gefällt werden muß, um die in die ganze Welt exportierten Palmherzen (palmitos) zu gewinnen. Da man nicht wieder aufforstet, ist sie fast ganz ausgerottet.

Der großräumig nach Norden geschwungene Bogen des Marañón führte uns südlich der Isla Ronda zu den Islas Sta. Helena 1, 2, 3 – das einzige Mal, daß die Phantasie der Namensgebung versagte –, durch die Paranás der Islas Serr, Loreto und Cacao, bis wir in den Hauptstrom oberhalb der Isla Cotomono eintraten, 1 Kilometer breit und 25 Meter tief. Jenseits mündete der kolumbianisch-peruanische Grenzfluß Atacuary.

Jetzt waren wir wirklich in Peru, obwohl die Inseln zuvor schon als peruanisches Gebiet gelten. Nach 12 Meilen mit Kurs Westsüdwest stoppten wir bei der auf dem Südufer gelegenen Militärstation des kleinen Ortes Chimbote. Jedes den Marañon benützende Fahrzeug wird von der Guarda Costal kontrolliert. Wir gaben unseren „Passe de Saida" aus Manaus ab – in Tabatinga ist seltsamerweise keine Capitanía – und empfingen ein mit Stempeln übersätes „Zarpe". Die ganze Truppe stand Gewehr bei Fuß, als wir ablegten.

„Da hängt nun die von mir genähte Gastlandflagge schlappig in Falten, und es gibt keine Gelegenheit zu zeigen, wie die erste Segelyacht überhaupt den Fluß schmücken könnte", sagte Karin gekränkt.

So dampften wir los, wichen schwimmendem Gut aus, mit und ohne Erfolg – treibenlassen, tauchen –, hielten uns an die Innenseite der Krümmung nach Norden, wechselten in die Paranás der Isla Poca Playa, röhrten 10 Meilen im Hauptstrom und drückten uns durch schmale Kanäle der Isla Euzebia bis der Kompaß auf Nord wies.

An der Südspitze der Isla Breu fanden wir den romantischsten Fleck unserer Reise. Eine kleine Insel teilte den engen Flußarm. Durch ihre schmächtigen Bäumchen schimmerte der Marañón. Die Strahlen der untergehenden Sonne warfen die Schatten einer verlassenen Fischerhütte vor uns auf das Wasser und beschienen den in voller Blüte stehenden Wald, der die Szene wie mit einem Rahmen umschloß. Dann war die Sonne untergegangen, Mücken kamen, und nur die Erinnerung blieb; ausgeprägter sicher als das Foto, das zu knipsen wir vergessen hatten.

Aber auch die vergangenen Tage hatten ihre Überraschungen gebracht. Bäume konntest du sehen, am Horizont schwebend, Kanus in der Größe von Ozeandampfern – Luftspiegelungen, die dem Navigator allerhand Kopfzerbrechen bereiteten. Da waren Eintagsfliegen, die mittags kamen; für sie war ‚Krios' Endstation ihres kurzen Lebens; am Abend lagen ihre Körper mit den langen Schwanzfäden und den zarten Flügeln, weiche, gelbe Spuren hinterlassend zu Hauf. Ähnlich der Ameisenschwarm, der Tage zuvor die Besatzung aufscheuchte und vorstellbare Reaktionen auslöste. Der Generator, der im aufgeschossenen Segel surrte, als hätte er eine Metropole mit Energie zu versorgen und sich als Heuhüpfer entpuppte. Die dünne, räuberische Fangschrecke, unbeweglich am Heckkorb auf Beute lauernd. Der platte Schildkäfer, der sich in einer Auslaßöffnung einnistete. Kleine Gespinstbälle unter der Scheuerleiste, in allen Ecken und Winkeln auf Deck, aus denen Spinnchen wie winzige Flöhe hopsten.

Am Ufer Beutelnester der schwarz-gelben Schapus, die an Ästen aufgehängt wie Glocken im Winde wehten. Mit ihrem ungemein farbenprächtigen Gefieder Tukane oder Pfefferfresser, die so heißen, aber keine sind, sondern nach dem ungefügen, großen Schnabel benannt werden, der einer Paprikaschote gleicht. Scharen von Glanzvögeln mit ihren weinroten Winzerwesten, emsig um ihre Höllennester in den Steilwänden schwirrend. Greifvögel, vom Falken bis zum Adler, die den Flugzeugverkehr ersetzten und aufmerksam für Sauberkeit sorgten. Anhima, unsere Funkervögel mit der federnden Antenne auf dem Kopf; truthahngroß und zahlreich hielten sie abends von den Bäumen herab Umschau über ihr Reich.

Zierliche Seeschwalben saßen hintereinander auf treibenden Balken wie im Vierer mit Steuermann. Scherenschnäbel, erst am Abend richtig munter, auf Nahrungssuche mit ihrem weit vorgeschobenen Unterschnabel, durchfurchten die Wasseroberfläche um unser Schiff, die Schwingen angewinkelt, um sie ja nicht naß zu machen.

Kormorane, tief im Wasser schwimmend, den Hals wie ein U-Boot-Periskop herausgestreckt, tauchten vor uns weg. Fisch- und Silberreiher, Stelz- und Watvögel, verharrten im Seichtwasser; von uns aufgescheucht, baumten sie auf, und waren wir ihnen zu nahe gekommen, flogen sie, den Kopf auf die Schultern zurückgenommen, mit langsamen Flügelschlägen davon.

Die harmonische Verwobenheit der Pflanzen, das Halbdunkel der lebendigen Ordnung, vermischt mit moderndem Pilzgeruch, zog uns in ihren Bann und ließ uns aufgehen und eins werden mit der vegetativen Geschlossenheit.

„Fast fühle ich junge Triebe aus meinen Gliedmaßen sprießen."

„Beim heiligen Apollo, werde mir bloß nicht zur Daphne!"

Was wir erträumten, hatten wir gefunden: eine Natur, die mit sich selbst im Einklang war.

Aber die Technik streikte. Wir setzten unseren Weg fort – ohne Rückwärtsgang. Im Laufe der Zeit war die Schaltung immer schwerer geworden; jetzt saß sie vollkommen fest.

„Schimpf doch nicht darüber", tröstete mich der Maschinistenassistent, „sondern freuen wir uns, daß das Ding im Vorwärtsgang steckengeblieben ist. Sonst stünden wir dumm da."

Im wahrsten Sinne des Wortes. Hinzu kommt, daß ein Auflaufen gegen den Strom naturgemäß weniger verhängnisvoll ist. Trotzdem mußten wir uns doppelt vorsehen. Genau das machte der über alle Ränder getretene Fluß nicht gerade leicht. Er schwappte durch den Wald; die Bäume reckten höchstens zwei Drittel ihrer Größe über die Flut.

* * *

Isla Sancuado lag hinter uns. Gegenüber dem Ort Pevas, bemannt mit einem Militärposten, bei dem wir uns zu melden hatten, zuckelten wir um die Biegung. Für den Geschmack des Militärs zu weit? Sie mochten meinen, daß wir ihren wichtigen Kontrollpunkt einfach rechts liegen lassen wollten, ohne unseren Pflichten zu genügen. Sie waren gewohnt, daß die Boote ihren Anleger direkt ansteuerten. Wir aber mußten Höhe gewinnen, um beim Hinüberwechseln nicht vorbeizuschießen.

Das machten die Soldaten für uns. Sie ballerten, als seien wir das Schlachtschiff ‚Bismarck', das Iquitos belagern wollte.

„Hör mal, die haben Manöver", brüllte die sachkundige Offiziersfrau a.D. durch den Waffenlärm.

„Ja, und wir sind das Manöverziel."

„Waaas? Sie schießen nicht etwa scharf?!"

„Doch."

„Auf uns?"

„Nee, in den Himmel."

„Na, denn ...", womit für Karin der Fall erledigt war. Ich behielt mir einen Kommentar vor.

Mit einem ausgiebigen Vorhaltewinkel nur unter Motor ging es mit 6 Knoten auf den Felsen zu, auf dem die Baracken wie Krähennester hockten. Das Gewehrfeuer verstummte. Eine mit weißen Steinen ausgelegte Schrift verkündete:

„Bienvenido – willkommen."

Von oben bis unten war der Abhang uniformiert. Wir legten an und krebsten, nach allen Seiten leutselig lächelnd, die endlose, mit Kronenkorken gepflasterte Holzstiege empor. Ein Soldat führte uns zum Wachlokal. Auf dem Tisch die unentbehrlichen Stempel, dazu das Kissen. Bis auf zwei Bänke war der Raum leer. Wir warteten. Nach fünf Minuten trat ein Offizier ein, Oberleutnant.

„Buenas dias – guten Tag, wo ist der Rest der Besatzung?" wandte er sich an mich.

Ich deutete stumm auf die Crew.

„Sólo dos – nur zwei – und bis hierher mit dem Boot, bueno, hombre!"

Er musterte Pässe und Zarpe, trug alles sauber in drei Listen ein, knallte die Stempel zunächst aufs Papier, danach aufs Kissen und überreichte uns die Dokumente kopfschüttelnd.

„Bueno, hombre. Weiterhin gute Reise. Hasta luego, chau – auf Wiedersehen."

Wir rührten uns nicht.

„Algo más – noch was?"

„Wir möchten den Offizier sprechen, der den Schießbefehl erteilt hat, por favor."

„Qué desea Ud. – was wünschen Sie?"

Ich wiederholte.

„Mo-, momentito."

Ein Offizier höheren Ranges erschien.

„Encantado – angenehm. Sie wollten mich sprechen?"

„Wenn Sie ..."

„Si, ich hatte befohlen", er betonte, „in die Luft zu schießen."

„Wir lieben es nicht sehr, auf diese Weise begrüßt zu werden."

„Por qué, man hat mich benachrichtigt, daß Sie kommen, und ich glaubte, Ihnen mit der Ehrensalve eine Freude zu bereiten."

Damit stand es 1 : 0 für ihn.

„Eine Salve in ungeordneter Reihenfolge ..."

„De acuerdo, ich gebe zu, wir müssen in Zukunft noch ein bißchen üben."

Eigentor: 1 : 1.

Kurs Südwest bis hinter die Isla Apayacu, dann West an mehreren im Land eingebetteten Inseln vorbei, verbrachten wir nach zwei Tagen die Nacht an der Costa de Marupa. ‚Krios' begann, sich ruckend zu bewegen. Hielt der Anker nicht? Das war noch nie vorgekommen.

Ich sprang aus der Koje; ein Blick auf die Uhr: 0520. In der Ferne sah ich ein mittelgroßes Boot, daran hing ein langes Schleppseil, daran ein ellenlanges Floß, daran eine Ankerkette, daran ‚Krios'. Ich fuchtelte mit den Armen wie ein Hampelmann, der Capitán hatte indessen schon begriffen und gestoppt. Alle miteinander gingen wir bergab.

Auf dem Floß bekam ich die Kette nicht klar, denn – merkwürdig genug – sie war einmal ganz um einen Stamm gewickelt.

„Kette fieren", sprudelte ich, den Oberkörper bis zum Nabel ins Wasser gebeugt.

Erst als Karin mit der Winsch Lose gab, gelang es mir, den unteren Part abzustreifen. Der Druck hatte die Rollengabel von neuem verdrillt. Zum zweitenmal reparierte ich sie notdürftig.

Im Mündungsdelta des trägen und flachen Rio Napo, 40 Meilen unterhalb Iquitos, verirrten wir uns vollständig. Die Formel: dahin, wo der Strom entgegensteht, half nicht, denn auch der Rio Napo fließt abwärts.

„Nun werde nicht nervös; bisher sind wir stets da angekommen, wohin wir wollten", munterten wir uns gegenseitig auf.

Na ja, letzten Endes trafen wir wieder auf den Hauptstrom, wahrscheinlich westlich der Isla Pucaalpa. Nach 10 Meilen gondelten wir in der Lagunenlandschaft des zu einem breiten Becken erweiterten Flusses bei der Isla Tinicuro.

„Es ist wie in Venedig, nur ersetzt ein Urwaldriese den Campanile."

In dieser Idylle entdeckten wir auf einem flachen See die Victoria regia. In der Trockenperiode verschwindet die Seerose in Erdspalten und ist nur schwer auszumachen. Es breiteten sich verschiedene, bis zu einem Meter große Blätter mit hochgebogenem Rand auf der Wasseroberfläche aus. Ihre Wurzeln sind am Boden verhaftet, und aus dem zwiebelförmigen Stengel wächst das Blatt, an der Unterseite mit spitzen Stacheln gegen Fisch-Vegetarier geschützt. Um 17 Uhr taucht die 30 Zentimeter breite, weiße Blüte auf, färbt sich rosarot und verschwindet um 21 Uhr. In dieser Zeit dringen durch Honig angelockte Insekten zur Bestäubung ein. Am folgenden Nachmittag bricht sie erneut ans Licht, öffnet sich und entläßt ihre Gäste ins Freie; abermals versinkt sie, um ihre Frucht zur Reife zu bringen. Dem Vorgang wohnten wir nicht bei, wir mußten uns mit dem Anblick der grünen Teller begnügen; das war mehr als genug, denn es gehört viel Glück dazu, die seltenen Pflanzen aufzufinden.

„Was bedeuten die leeren Schilder?" wollte Karin wissen.

Als Antwort runzelte ich die Stirn. Von der Grenze an hatten wir weiße Tafeln am Uferrand bemerkt. Über ihren Zweck rätselten wir, bis ich darauf kam, daß sie als Orientierungshilfe die örtliche Länge in vollen Graden kennzeichneten, die letzte bei 73° West.

„Das ist ein entschieden besserer Hinweis, als in den Karten ‚auffällige Bäume' – im Urwald! – zu verzeichnen."

* * *

Südwest. Der Kurs brachte uns nördlich der Isla Iquitos bis vor den Ausgang des Rio Nanay, wo Öltanks die Nähe der Stadt ankündigten. Hinter der Biegung nach Süden öffnete sich die Aussicht auf den 6 Meilen entfernten Ort.

Die Strömung lief so hart, daß wir glaubten, uns zu guter Letzt geschlagen geben zu müssen. Wir versuchten es vor der Wasserfront der Stadt mit den Holzfabriken, Raffinerien und der Visionen wachrufenden Landungsbrücke, an der ein Frachtdampfer mit Heimathafen Iquitos seine Ladung löschte, gaben auf, gingen zurück und kämpften uns bis an die nach Osten weisende Kehre vor.

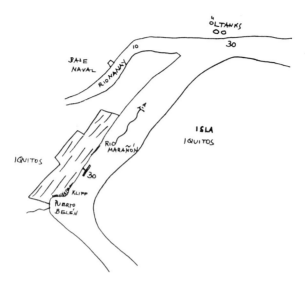

Iquitos

Hiernach hielten wir durch widerspenstigen Strom auf Belén zu, dem alten, auf Pfählen erbauten Ortsteil südlich von Iquitos.

„Belén – Belém?" buchstabierte Karin herum. „Ah, das eine ist spanisch, das andere portugiesisch. Analphabeten haben selten solche Schwierigkeiten mit der Rechtschreibung."

„Siehst du was von den Stützen? Das Wasser reicht bis und über die Fußböden. Es entsteht der Eindruck, daß die Hütten schwimmen."

Von dort, der Mündung des Flüßchens Itaya, steigt die Küste steil an und fällt nach einer vorspringenden Klippe leicht zur Hafenregion hin ab. Davor liegt der Puerto Belén; er war vollgestopft mit Booten aller Schattierungen, mitten in der Strömung.

An Ankern war nicht zu denken. Grasinseln, wohin man blickte, auch eingezwängt zwischen den in Päckchen liegenden Fahrzeugen. Der Capitán eines Schubschiffes bot an, längsseits bei ihm festzumachen.

„Quanto tiempo queda aquí – wie lange bleiben Sie hier?"

„Wir müssen einklarieren und zur Einwanderungsbehörde, das wird zwei Tage dauern."

„Claro, wir sind hier mindestens noch eine Woche, entonces, no problema."

Wir waren erlöst, Diebstahlgefahr und Ankersorgen vorläufig gebannt. Mit 2170 Meilen von Belém nach Belén hatten wir nach vier Monaten unser Ziel erreicht.

Iquitos ist der Stapelplatz für Produkte aus den Wäldern und als Flußhafen Handelszentrum des peruanischen Amazonasgebietes sowie Stützpunkt der Atlantikflotte Perus. Es ist die Hauptstadt des Departamentos Loreto, hat 70 000 Einwohner und beherbergt eine Universität mit Schwerpunkt Land- und Forstwirtschaft. Die Stadt wurde 1863 gegründet und profitierte vom Gummiboom, verfiel und erlebt seit einigen Jahren einen neuerlichen Aufschwung, der auf die Entwicklungsbemühungen und den wachsenden Fremdenverkehr zurückzuführen ist. Eine Landverbindung nach Lima ist geplant; bis zu deren Bau ist man auf den Luft- und Wasserverkehr angewiesen.

Werden Funde der Umgebung, wie etwa Mineralien, Gold, Öl und Eisen, Naturprodukte wie Chinin und Palmöl dazu beitragen, die verfallenen Malecón Tarapacá Ballustraden zu renovieren, von denen man den Fluß weitum überblicken kann, die Befestigungen auf und an den Steilwänden, abgebröckelte Azulejos an alten Kolonialgebäuden und die Hochhausruine – häßliches Wahrzeichen der Stadt? Das von Eiffel in Paris entworfene und konstruierte Eisenhaus am Plaza de Armas, zum Beispiel, wäre es wert.

Die Spezialität in Iquitos ist Cebiche. In jeder Kneipe und an den Ständen auf der Straße wird es bereitet. Bekannte, mit denen wir darüber sprachen, waren erstaunt, daß wir etwas ähnliches als Rollmops kannten. Sie wußten, daß die meisten Fremden noch nie rohen Fisch gegessen hatten und er ihnen sogar schmeckte.

„Die Tomaten dazu", konnte Karin das Lästern nicht lassen, als wir das Gericht in einem Lokal testeten, „waren zu klein und nicht frisch."

„Dann war es ja gut, daß sie nicht groß waren."

Die Hafengeräusche und der Gedanke an die Ratte verursachten einen unruhigen Schlaf. Wir hatten uns soeben in die Koje verkriechen wollen, da sahen wir den Schatten über die Bücherborde flitzen.

„War das ...??!!"

„Ja."

Erfahrung brachten wir aus der Karibik mit und zwei Fallen für den Fall des Falles. Weil die Haus- oder Schiffsratten Gemüse jedem Fleischstück vorziehen, rüsteten wir die Schnapper mit Paprika aus und blockierten damit die Rennbahn. Die Langschwänze spuren wie auf Gleisen immer denselben Weg. Das zu wissen brachte uns Erfolg und den Nager ums Leben. Ohne Zeremoniell ließ ich ihn bei Tagesanbruch über Bord gehen. Feierlich verkündete ich der Langschläferin:

„Aufstehen, das Frühstück ist fertig, die Ratte gar."

Rücksichtsvoll hatte das Viech elektrische Leitungen und Wasserschläuche verschmäht, worauf eine Mäuseart besonders scharf zu sein scheint, wie uns aus erster Hand von einer schwedischen Crew beschrieben worden war:

„Die ‚Galif' hatten wir während des Winters an der Algarve aufgeslipt und vergessen, ein Einlaßventil zu schließen. Das Mäusevolk nutzte die Gelegenheit, gründete einen eigenen Staat auf schwedischem Hoheitsgebiet und fraß alles auf, was nach Plastik roch."

Wir versiegelten ‚Krios' hermetisch, tigerten mit müden Gliedern zur Migración, erhielten die Aufenthaltsgenehmigung und sprachen anschließend bei der Capitanía vor.

„Lo siento – bedaure, Sie können nicht selbst einklarieren, Sie müssen einen Agenten beauftragen."

„Pero – aber wir sind nur zu zweit und haben keine Passagiere oder Ladung an Bord; die Papiere füllen wir alleine aus, wir brauchen keinen Agenten."

„No tiene importancia – egal, wir hatten zwar noch nie eine Segelyacht hier, aber die Bestimmungen besagen, daß ein Agent eingeschaltet werden muß, no problema."

Der unbeugsame Marineoffizier beorderte einen Matrosen. Der führte uns zu einem Agenten. Wir die beiden zu ‚Krios'. Der Agent geleitete uns noch einmal in sein Büro; der Matrose konnte gehen. Wir zahlten einen horrenden Preis.

„Das ist der bisher teuerste Liegeplatz unseres Bordlebens", rechnete Karin in Sekundenschnelle.

Eine Auskunft, die wir erhielten, war jedoch Goldes wert:

„Wenn Sie verreisen und das Boot bewacht wissen wollen, sollten Sie es bei der Base Naval lassen, dem Marinestützpunkt mit Werft am Rio Nanay."

„Muchas gracias!"

Alle Wege enden am Stadtrand, aber es herrschte ein Verkehr wie zu Ferienbeginn. Klapprige Oldtimer, schnittige dernier-cri-Limousinen, frischgebügelte Motorräder und stotternde Mopeds verteidigten ihre Vorfahrt. Nicht zu vergessen die Dreiräder mit Außenbordantrieb, zur Rikscha erhoben, Lastkraftwagen mit Dickstämmen, die dem Radfahrer 15 Meter dahinter die Nase kitzelten und hölzerne Autobusse, Windschutzscheiben hochgeklappt, knallig rotgelbblau, die Farbe von den Fingern der herausquellenden Fahrgäste zerschunden. Dazwischen unser Taxi, die Türen durch Strippen gehalten und die Sicht mit Bommeln verhängt, so daß der Chauffeur aus dem Seitenfenster schauen mußte. Die Polsterfedern drangen uns in den Achtersteven, als wir über aufgerissene Straßen – allemal ein guter Hinweis, daß Positives getan wird – und ausgewaschene, sandige Gossen holperten.

„Gibt es in der Stadt die Möglichkeit, eine Filmkamera in Ordnung bringen zu lassen? Es ist nämlich ein Druckknopf locker", brachte ich geschüttelt hervor, denn Taxifahrer sind Alleswisser.

„Si, si, desde luego."

So selbstverständlich war uns das nicht, aber es stimmte, wie sich zu unserer Verblüffung herausstellte.

„Sie brauchen das Ding nicht nach Lima zu schicken, zumal Sie es verzollen müßten."

„De veras, no lo creo – das darf nicht wahr sein; innerhalb Perus?"

„Ich nehme an, man möchte, daß wir auf eigenen Füßen stehen, damit nicht alles über die Anden geflogen werden muß", und er fügte hinzu: „Aussteigen bitte, Endstation; dies ist kein Amphibienkäfer."

Womit er recht hatte, denn die durchlöcherte Karosserie hätte keinen Wassertropfen daran gehindert, unsere wunden Sitzflächen abzukühlen.

Die Fahrbahn verlor sich in den Fluten des Rio Nanay, angedeutet durch Laternenpfähle in der Flußmitte, die bis zum Lampenschirm verschwanden. Hütten, ein abgewrackter Lastwagen und das Fährhaus teilten ihr Schicksal – das Wasser stieg nach wie vor.

Mit einer der Marinebarkassen setzten wir zum Werftgelände über, zwei Meilen unterhalb dieses überschwemmten Stadtteils, der den Namen Bella Vista für sich beansprucht. Wir stellten uns dem Kommandanten vor.

„Deutsche sind Sie, Berliner aus Kiel!" Er sprach einwandfreies Platt. „Sagen Sie, was Sie wünschen, ich kümmere mich darum, daß es erfüllt wird."

Und er erklärte uns, daß er den Bau von U-Booten für Peru in Kiel drei Jahre lang beaufsichtigt hatte.

„Wissen Sie, ich bin U-Boot-Offizier und frage mich, was das soll, mich als Werftaufseher im Urwald zu verbraten. Die nächste Verwendung bei der Pazifikflotte ist aber zugesagt."

Wir brachten unser Ansuchen vor, während des geplanten Ausfluges durch sein Land, Bolivien und Ecuador ‚Krios' zu verwahren.

„Ferner muß die Schaltung instandgesetzt, eine neue Gabel für die Ankerrolle und eine Pinne angefertigt werden. Wir wollen gerne zur Erinnerung eine aus Amazonas-Holz. Die Entscheidung für Souvenirs fällt bei unseren beschränkten Raumverhältnissen jedesmal schwer."

Es waren lediglich die wichtigsten Punkte einer langen Reparaturliste, die ich tastend vorbrachte.

„Kein Problem", er sagte es auf deutsch, und wir unterlegten deshalb den zwei Worten ihren wahren Sinn. „Kommen Sie morgen in den Nanay; eine Wache wird abgestellt, damit bei Ihrer Rückkehr kein Staubkorn fehlt."

Mit einem Mal war eine Angelegenheit vom Tisch, die uns lange belastet hatte, denn ausnahmsweise beabsichtigten wir, unser schwimmendes Zuhause für einige Zeit allein zu lassen.

In der Stadt sausten wir gleich in ein Reisebüro und buchten einen Flug nach Cusco. In drei Tagen würden wir starten. Wir schnabulierten helados (Eis), tranken batidas (Milchmix) und machten uns auf den Heimweg. Eine Portion Eiscreme zu spät: man war gerade dabei, die Leinen von ‚Krios' loszuwerfen!

Wir purzelten den Abhang hinunter, stolperten über Bretter und ein Ponton,

„parad, parad – stop!"

und dem Capitán des Schleppers in die Arme.

„Qué pasa – was ist los?"

„No problema, wir haben ein Geschäft vor und müssen ablegen."

Keuchend vom Rennen hechteten wir auf unser Deck. Ein Marinero warf unsere Vorleine über, und ein anderer auf dem benachbarten Ponton belegte die Achterleine hastig an einem Poller, um sein Schubschiff nicht zu verpassen, welches achteraus zu fahren begann.

„Da hört sich doch alles auf!" empörte ich mich.

Das Kielwasser und der Strom preßten unser Heck in den freien Raum vor den Bug des Schiebers, und die Leine zog ‚Krios' in eine Lücke an das Steilufer. Wir saßen fest; die Strömung stand voll auf dem Rumpf. Wir waren drauf und dran, unter den Überhang des Pontons gedrückt zu werden; er ragte über den Windgenerator und das Radar hinweg.

„Drück uns von dem Kasten ab!"

Karin stemmte sich mit aller Macht dagegen, aber sie war überfordert. Auf ihr flehentliches:

„Ayuda, ayuda, por favor – helft doch bitte", sprangen zwei Zuschauer zur Unterstützung an Bord.

Mittlerweile war ich im Uferschlick knietief versackt.

„Achterleine los!"

Karin verdolmetschte die Anweisung als Bitte. Ich schob breitseits gegen den Strom. Der Bug rückte ein wenig vom Ufer ab, aber es reichte nicht.

Stets waren wir wegen des Schwells über Schiffer erbost, die hemmungslos dicht vorbeistoben, ob dir die Erbsen vom Messer kullerten oder nicht. So ein Rüpel nahte. Karin schrie wie am Spieß, die bulligen Männerkörper schützten unsere empfindlichen Geräte, und mich begruben die Brecher. Der Sog setzte ein, der Strom kehrte sich um, ‚Krios' wurde angehoben und mitgenommen. Ich schnellte die Leiter hoch und an die Pinne. Der Motor hämmerte uns aus dem Hinterhalt.

Trotzdem: „Rüpel bleibt Rüpel."

Die ayudantes verabschiedeten wir mit Buddel und „muchíssimas gracias, amigos."

Einmal unterwegs, wandten wir diesem arglistigen Hafen den Rücken. Von der Ballustrade gaffte eine sensationslüsterne Volksschar auf uns herab. Unsere Vorstellung mußte spannender als eine TV-Fußballübertragung gewesen sein, und das will in Südamerika etwas heißen.

„Am besten gehen wir gleich zum Rio Nanay runter und sind dort aus dem Trubel raus."

„Schon recht", warf mein starkes Mädchen mit den schwachen Kräften ein; „da wir nicht vor morgen in der Basis erwartet werden, sollten wir unterhalb bleiben."

„Einverstanden. Auf zur allerletzten Ankerung, der 97sten!"

Wenn wir sonst keinen Rekord gebrochen hatten, mit der Zahl der Ankerplätze bestimmt.

Welch eine Freude, den Marañón abwärts! Der Motor drehte langsam, und wir flogen ohne jede Anstrengung die 6 Meilen bis zur Einmündung. Links um, noch 2 Meilen schwach gegenan, und wir verweilten im klaren, grünen Wasser. Es wurde eine stille, ungestörte Nacht.

In den späten Vormittagsstunden liefen wir die Base Naval an. Die blauen Jungs der zwei Fregatten, im Trockendock und am Werftufer auf der Nordseite des Flusses, schwenkten ihre Mützen. Die Arbeiter auf der Helling unterbrachen das Schweißen an den halbfertigen Schuten und winkten. Wir dippten die Nationale. Ein Maat vertäute uns. ‚Krios' legte sich, an die Fender gelehnt, zur Ruhe.

5. Kapitel

Mit Seebeinen in den Anden

Peru – Bolivien – Ecuador

Ich wachte auf, rieb mir die Augen und schaute auf den Wecker. 0442 Uhr. Ich knuffte Karin in die Seite und sprang aus der ungewohnt weichen iquitosischen Hotelkoje, in die wir uns am Abend vorher verholt hatten.

„Raus, der Wecker hat versagt und der Kerl von der Rezeption auch!"

In Windeseile zogen wir uns an, warfen die Sachen in die Reisetasche, polterten die Treppe hinunter und raubten dem Hotelportier den unverdienten Schlaf.

„Hombre, wo ist das bestellte Taxi?!"

„No problema", und er spurtete auf die Straße.

Wir hinterdrein. 0447. Um 0500 startete die Maschine nach Cuzco; eine halbe Stunde vorher sollten wir auf dem Flugplatz sein. 0450. Scheinwerfer, das Leuchtschild TAXI, an der Windschutzscheibe grün: libre. Anhalten, rein. Der Portier winkte uns unbeschwert nach; wir hatten wohlweislich am Abend bezahlt. Für die Fahrt benötigt man 20 Minuten; wir waren um 0503 dort.

In der Empfangshalle herrschte totale Flaute. Am Schalter ein gesichtsloses Fräulein, schwellende Formen in die Uniform gepreßt.

„Aqui tiene nuestros billetes – unsere Flugscheine. Lassen Sie bitte den Flieger zurückhalten, wir wollen noch mit."

„No corre prisa – es hat keine Eile, sondern wird etwas später."

Ich bleckte den Restbestand meiner Zähne und fragte: „Mañana?!"

„No, ahorita – sofortchen."

Wir warteten in der Halle. Es gab keinen Kaffee; ich befand mich in einem entsprechenden Stimmungstief.

„Im Flugzeug gibt's sicher welchen", versprach Karin.

In einer Ecke packten junge „Rucksackreisende" ihre Schlafsäcke zusammen, um 0526; offensichtlich hatten sie hier übernachtet und kannten sich aus. Sie und wir flogen gemeinsam in dem ansonsten leeren Jet und tranken den Mokka der nicht vorhandenen Fluggäste gleich mit.

„Die Wolkendecke ist so dicht, daß wir vom Wald und den Anden nichts sehen können", motzte Karin.

Eineinhalb Stunden später landeten wir bei strahlend blauem Himmel im langgestreckten Tal von Cuzco. Wir waren im Land der Inkas, der Erfinder der Hängebrücken und -matten. Der Ausstieg wurde geöffnet, und eine Gänsehaut überzog die seit Jahren im tropischen Klima verwöhnte ‚Krios'-Crew. Gleichzeitig protestierten unsere Lungen, denn wir befanden uns in 3400 Meter Höhe, 437 Meter über dem Gipfel der Zugspitze.

Damit einen die soroche, die Höhenkrankheit, nicht umwirft, sollte man sich am Ankunftstag entspannen. Dazu hatten wir ein Hotel mit Heizung und warmer Dusche gewählt, ohne die wir meinten, nicht überleben zu können. Der Temperaturunterschied von 34°C Hitze und 13°C Frische betrug 21°C Erkältung. Die Heizung in dem alten Atriumshotel bestand aus einem elektrischen Öfchen, an dem wir uns fast die Zehen verkohlten. Die Dusche besaß einen faustgroßen Durchlauferhitzer, der stoßweise das aufgestaute Heißwasser auf unsere verschrumpelte Haut spuckte.

Angekokelt und verbrüht bibberten wir zusammengekuschelt unter vier Wolldecken und frönten der empfohlenen Erholung. Sie dauerte nur kurz, denn wir begannen erbärmlich zu niesen. Die Tropfen fielen aus der Nase, und um das Instrumentarium zu vervollständigen, husteten wir im Duett. Karin weniger als ich; bei solchen Sachen neige ich zur Übertreibung.

„Ob uns im Bett das letzte Stündchen schlägt oder anderswo, ist doch egal", drängelte ich unruhig.

Wir krochen in die Pullover, die wir vorausschauend mitgeschleppt hatten und für ausreichend hielten. Sie waren es nicht.

„Auf, hapschih, gleich los und wärmere Kleidung auftreiben."

Im Hof fing uns ein Ober ab: „Bevor Sie gehen, sollten Sie sich stärken."

Wer hat schon etwas dagegen, gestärkt zu werden? Wir betraten den Speisesaal. Türen und Fenster standen sperrangelweit offen, es zog wie die Pest. Der um unser Wohlergehen bemühte Kellner stellte zwei Tonmucken vor uns hin, dazu eine bauchige Kanne.

„Cocs", grinste er, und unsere Gänsehaut zog sich noch enger zusammen.

„Hombre, Donnerwetter, Rauschgift!!"

Er schüttelte den Kopf.

„No, no, das ist Tee aus grünen Cocablättern, den bekommt jedes Kind mit der Muttermilch. Sie werden sich gleich besser fühlen."

Wir schenkten ihm Glauben; bei uns gibt's auch Pfefferminztee, wenn man sich erkältet hat.

Für die kommenden Stunden waren wir gerüstet und bummelten durch die ehemalige Hauptstadt des Inkareiches. Wir sahen von andalusischen Gebäuden verunstaltete Vor-Inkamauern, fragten uns zum Plaza de Armas durch – in allen spanisch sprechenden Ländern der Mittelpunkt einer Stadt.

„Daß es so etwas noch gibt!" rief Karin aus. „Die Quechua sehen tatsächlich aus und sind gekleidet, wie man sie gemeinhin nur auf Volksfesten erwartet."

Männer in bunt gestrickten Mützen mit Ohrenklappen, Frauen mit steifen, runden Bowlerhüten und langen Zöpfen, beide Geschlechter in farbigen Ponchos. Darunter trug er unförmige Hosen, sie mehrere bauschige Röcke übereinander und ein Kleinkind kunstvoll in Decken gewickelt auf dem Rücken. Oben warm und mollig eingepackt, hatten sie als Schuhwerk – bare Füße, in dieser Eiseskälte!

Der Anblick erinnerte mich schnell an den Hauptzweck unseres Spazierganges.

„Wir besorgen Pullover für uns beide und einen Poncho für dich."

Aber so einfach, wie es sich anhört, kam der Einkauf nicht zustande. Es war verwirrend, die Auswahl an Lamawollsachen so riesig, Qualität und Preise so unterschiedlich und das Feilschen um jeden Sol so zeitraubend, daß es Mittag wurde, ehe wir unsere Kleidung der Allgemeinheit angepaßt hatten. Die Schuhe behielten wir an – auch wenn es uns notorischen Sandalenträgern schwerfiel –, was uns nicht davor bewahrte, fleißig weiter zu husten und zu schnupfen.

„Dort am Straßenrand trinken wir Grü-ze", gleich Grünzeug für Cocatee, „und heute Nachmittag besichtigen wir die Ruinen von Sacsayhuamán oberhalb der Stadt."

„Ist geritzt, obwohl es gegen alle Vernunft ist."

Mit unserem Taxifahrer taten wir einen guten Griff; er entpuppte sich als gewandter Lotse, der keine Antwort schuldig blieb. Er kutschierte uns mit vielen Halts auf engen Gassen durch den Nabel (cuzco).

„Man merkt, daß dies eine Universitätsstadt ist. Jeder zweite hat beim Gehen, Stehen oder Sitzen ein Buch vor der Nase."

Es waren nicht etwa Bildergeschichten mit ihrer Blasen-Baby-Sprache.

In Kehren ging es einen Berg hinauf. Die Hänge waren mit gelben Tupfen der blühenden Ginsterbüsche übersät und parkähnlich angelegt, aus Australien eingeführte Eukalyptusbäume lockerten die Eintönigkeit der kultivierten grau-braunen Talwände auf.

Nach einer Kurve sahen wir sie: auf der mit schütteren Grasbüscheln bestandenen, steinigen Ebene grasten die höckerlosen Kamele der Neuwelt. Das stämmige, männliche Lama wird im Gebirge überall als Lasttier eingesetzt, das weibliche trottet nebenher.

„Die äußerst empfindsamen Tiere sind nicht leicht zu behandeln. Nur Hochlandindios verstehen es, richtig mit ihnen umzugehen. Übersteigt die Last 35 Kilogramm, legen sie sich sofort nieder." Taxi-Don weihte uns ein.

Zügel und Peitsche sind verpönt, denn bei roher Behandlung, anders als das Zoon politikon, verweigern sie den Gehorsam. Ihre Wolle ist recht grob und wird zu Säkken verarbeitet.

Einige Alpakas hielten sich abseits. Wenn von einem Haustier als dem widerborstigsten und eigensinnigsten gesprochen wird, ist die Rede vom Alpaka. Es hat sich deshalb erfolgreich der Fron entzogen. Es wird in großen Herden gehalten und liefert die gute Wolle, die auch uns wärmte.

„Angespuckt haben sie uns deswegen nicht", stellte Karin befriedigt fest.

Die Straße führte weiter bergan, bis wir am Eingang der Ruinen hielten. Wir zahlten Eintritt, wie an allen Kulturstätten, bemerkenswert darum, weil der Fremde bis zu viermal mehr hinzublättern hat als der Einheimische. Steilauf stiegen wir zu den gewaltigen Quadern, Fuß vor Fuß, ja keinen Schritt zuviel. Spaziergang, Fußmarsch und Wandern sind Begriffe, die mir einen tiefen Abscheu verursachen.

„Während du in der Stadt wie irre zum Einkaufen herumrennst", hatte ich Karin einmal vorgeschlagen, „warte ich lieber vor meiner Braun'schen Röhre und bedenke die

Beschwernisse, die wir gegenüber den Vierbeinern zu erdulden haben."

Wollte ich selbst etwas sehen, mußte ich nun hinter ihr hersegeln, da sie schon längst die fugenlos aufeinander geschichteten Steine, die bisher jedem Erdbeben widerstanden haben, begutachtete.

Als Flieger allein in meinem Düsenjäger war ich dem Firmament oft sehr nahe. Deshalb fanden die Astronauten-Götter-Geschichten bei mir mindestens ein halboffenes Ohr. Die Stationen unserer Reise öffneten es ganz.

„Wenn man mit eigenen Augen sieht und mit eigenen Händen betastet, was normale Menschen einmal vollbracht haben sollen, muß ich an jeder Erklärung zweifeln, die diese Hypothese stützt", mein Hauch stand vor Karins Tropfnase.

Den Hang hinab war ich erster und Karin rutschte hinterher. Wir ergänzten uns, wie immer, gut. Die müden Beine unter der Sitzreihe vor uns, wurden wir abends in einer Folkloreschau aufgemöbelt. Eine Trachtengruppe, die nicht viel anders gekleidet war als die Indios, die vor dem Theater auf dem Boden hockten und ihr Süppchen kochten, stampfte den Rhythmus auf die Bretter, den das Orchester mit typischen Andenflöten und -harfen vorgab. Wir trampelten mit, aus Begeisterung und vor Kälte.

„Kannst du was von der Melodie hören?" hustete und schnupfte ich und mit mir Karin und der ganze, gut gefüllte Saal.

Gegen die Tiefkühlung gingen wir nach der Vorstellung mit Pisco sauer an (Traubenschnaps mit Zitrone und geschlagenem Eiweiß). Die knusprige Forelle als Hauptmahlzeit konnte weiterschwimmen. Es war ein luftlos anstrengender Tag gewesen, und wir fielen todmüde in die Daunen mit den vier Wolldecken.

* * *

Im Touristenexpress zum 120 Kilometer nördlich von Cuzco gelegenen Machu Picchu siehst du von der Höhe noch einmal die hübsche Stadt im Tal, der wir so viele neue Eindrücke verdankten; einer Stadt, in der es niemals schneit. Auf den Dächern der Häuser unter uns vermischten sich einträchtig Christliches und Heidnisches: an kleinen Kreuzen schwangen geheimnisvoll Fläschchen, Kräuter und Spielzeugkühe.

Unversehens waren wir Glieder einer multinationalen Kette von Reisegruppen und Trampern.

„Das hat uns noch gefehlt!" meuterte ich als Anhänger der Antikultur zum Massentourismus.

Wie sie fotografierten und filmten wir die zerklüftete Felsenschlucht, das Valle Sagrado, heiliges Tal, in der sich der Zug am Rio Urubamba abwärts schlängelte. Der „Rio Sagrado de los Incas" zieht einen Halbkreis um Machu Picchu, vereinigt sich mit dem Marañón und ist somit einer der Quellflüsse des Amazonas.

Der Zug bremste, die ungeduldige Menge drängte zum Bahnhofsausgang und stoppte, in die Schranken gewiesen, vor einem Eisengitter. Wie das liebe Vieh wurden wir abgezählt und, wegen der Eintrittskarten, für gut genug befunden, diesen oder jenen Kleinautobus zu besteigen. In halsbrecherischen Serpentinen staubten wir auf den 2400 Meter hohen Bergsattel. Aufragendes Felsmassiv umgab die Ruinen der Inkastadt, erst 1911 von dem amerikanischen Historiker Hiram Bingham entdeckt und freigelegt.

Wir stiefelten über Pfade, durch Torbögen, zwischen Mauern und auf Steintreppen zum Thron der Götter.

„Bisher beurteilte ich Gebirge nur aus der Perspektive von Skiläufern, hier aber berauscht mich das überwältigende Panorama."

„Mir erscheint es auch unwirklich – wie Stufen in den Vorhof des siebten Himmels."

Du bist befangen in der einsamen Größe dieser Landschaft, die sich um dich entrollt. Der kegelförmige heilige Berg berührte die Wolken; die Stadt, in Terrassen angelegt, hing wie ein Adlernest über dem Schlund, und in der Tiefe glitzerte das silberne Band des heiligen Flusses. Die Wirklichkeit übertraf die Vorstellung. Es war eine Stätte des Verharrens, der Besinnung. Ich ließ die Gedanken wandern.

Der Dienst am Vaterland hat mich ein Vierteljahrhundert gekostet. War es sinnlos vergeudet?

Das Rückgrat der Deutschen wurde nach dem II. Weltkrieg gebrochen, die Teilung Deutschlands widerstandslos hingenommen. Die Selbstachtung ist seitdem geschwunden, die Selbstbezichtigung blüht, der narzißtischen Überflußgesellschaft ist das Vaterland schnuppe. Lohnte es sich, dafür als Soldat bereit zu sein, das Leben einzusetzen? Oder etwa für den unkündbaren Gehaltszettel? Jeder Mittelstandsmanager würde dich auslachen, bötest du ihm an, mit dir zu tauschen. Die Verantwortung über Leben und Tod für seinen Untergebenen würde er allemal nicht übernehmen wollen.

Das Preußentum war einstmals wegen seiner Gesinnung und Tugenden Vorbild und hochgeschätzt. Aber der Deutsche ist des Deutschen liebster Feind. So takelte unser Staat – nicht die Alliierten – das Flaggschiff wegen unausgeloteter Schuldgefühle und eingebildeter Defensivzwänge mit Schlagworten wie „Militarismus" und „Kadavergehorsam" ab. Man verdammte in Bausch und Bogen das Werk unserer Vorväter, ohne das es Deutschland heute nicht gäbe, und zertrümmerte aus Gleichmachergründen jedes Elitestreben – der anonyme Arbeitnehmer stand auf dem Podest. Er wurde zum Maß aller Dinge erhoben. Quantität statt Qualität auch bei den Stätten geistiger Auslese, den im Sumpf erstickenden Universitäten. Schöpferische Innovation – made in Germany – auf immer dahin? Ist nur der Saupreiß überlebenswert?

Man lieh sich Grundwerte aus, ohne die es wohl doch nicht geht, und forderte vom beamteten, uniformierten Bürger – das sind Bahnschaffner und Pfarrer auch – preußisch korrekt zu handeln, aber ja nicht preußisch zu denken. Dieses Konzept nannten seine Schöpfer in der Bundeswehr „Innere Führung". Auch ohne einen derartigen Leitfaden würde ein Offizier heute nicht mehr seine Leute mit Stockschlägen zur Räson bringen, sowenig wie man Hexen verbrennt oder Sklaven hält. Schon gar nicht in der sachlich ausgerichteten Luftwaffe, von jeher allem stumpfsinnigen Schleifertum abhold.

Menschenwürdige Behandlung, Generalstabsarbeit – sprich resolutes Teamwork und modernes Management –, ihr Kreißsaal war Preußen, das so wie wir in Frieden leben wollte. Mit sein Verdienst waren 43 Jahre Waffenruhe – ein bis 1914 in Mitteleuropa noch nie dagewesenes Ereignis. Von dorther bezog ich die Muster meines Handelns und stand damit in der seit Generationen geübten Offizierstradition meiner Familie. Unbelehrbar? Nein, höchstens stolz auf meine und Karins Ahnen, die ich mir nicht verunglimpfen lasse. Schon gar nicht von einer zur Korruption neigenden Gesellschaft, die danach trachtet, Gesetze zu mißachten, um ihren Wohlstand zu mästen.

Das Militärflugzeug ist technisches Mittel zum Zweck. Piloten, durch kein ausgeklügeltes Waffensystem zu ersetzen, Techniker und Spezialisten als Gehilfen, ohne deren Können nichts läuft – Menschen halten es flügge. Indem du sie anleitest, formst, erziehst, gestaltest du den gemeinsamen Beruf zur Berufung aller. Dafür sich ins Zeug legen, Vorbild und Kamerad sein, ist mehr als ein Job.

Ja, das war den Einsatz wert. Die kämpfende Truppe, als notwendiges Übel von einigen Sesselpupern zur Rechtfertigung des eigenen Amtes lediglich geduldet, war Kernstück meines Fliegerlebens. Menschenführer sein mit Herz und Seele, danach gab es nur noch Segeln – und Fliegen.

3-2-1-0 – Bremsen los und auf die Stoppuhr gedrückt. Der Nachbrenner trieb die F-104 zu einem Tiefflug mit fauchendem Gedröhn die Startbahn entlang. Neben und hinter mir eine Gefolgschaft von drei anderen Maschinen.

Auf dem Kniebrett hatte ich die Karte angeklammert, darauf jeden Streckenabschnitt präzise verzeichnet. 10 Sekunden Zeitdifferenz sah die Aufgabe vor, bei der eine Eisenbahnbrücke durch einen simulierten Bombenangriff zu zerstören war.

Der erste Anlaufpunkt verschwand unter dem Bug. Zeitvergleich: 2 Sekunden zu schnell, leichte Rechtskurve, Kurs auf die nächste Wendemarke, 6 Minuten 24 Sekunden entfernt. Seitlich abgesetzt pesten die Schatten der Rottenflugzeuge über die Landschaft. Die Route war sorgfältig ausgesucht worden, um Städte und Dörfer aus Lärmschutzgründen zu meiden und nach Kriterien, die es im Ernstfall einem Gegner schwer gemacht hätten, die Annäherung frühzeitig zu erkennen. Trotzdem würden wegen des dicht besiedelten Gebietes manchmal die Tassen im Schrank klirren.

Ich steuerte das Tal schräg links vor uns mit der senkrechten Klamm an. Ein Schlenker nach backbord, dann wieder zurück auf Originalkurs. Das orangefarben leuchtende Radarbild bestätigte meine Position, die Uhr zeigte, daß wir 3 Sekunden hinterher hingen. Ein wenig mehr Gas und etwas nach West vorhalten, um nicht wieder korrigieren zu müssen.

100 Meter über Grund mit 800 km/h sprinteten Wälder, Berghänge, gesprenkelte Felder, herbstlich gelb gefärbt unter uns durch. Die Augen stehen keinen Moment still: Kartenvergleich, Blick auf den Kompaß, Orientierung nach draußen, Höhen-, Fahrtmesser. Trotz aller Modernitäten wie der bodenunabhängigen Trägheitsnavigation, lief es doch immer aufs selbe hinaus: mitkoppeln, um auch bei Ausfall der subtileren Geräte einsatzklar zu sein.

Gleich mußte die Hauptverkehrsstraße kommen. Ich

stieg ein bißchen, die anderen mir nach, um die Fahrer nicht zu erschrecken und an einem Salto in den Straßengraben schuld zu sein. Runter die Nase und auf die Einbuchtung eines Höhenrückens zu. Dort, hinter diesem Hügel lag das Ziel. Jetzt 4 Sekunden zu schnell, übersprangen wir den Abhang, glitten die jenseitige Schulter hinunter und stürmten dem Punkt entgegen, an dem der Endanflug einzuleiten war.

2 Sekunden zu früh, Radarbild und Kurs stimmten genau. Ich betätigte den Ausklinkschalter, wodurch in Wirklichkeit die Kamera inganggesetzt wurde, um später die Richtigkeit zu belegen. Unser Schwarm hatte den Auftrag erfüllt.

Beim Hochziehen krachendes, ohrenbetäubendes Getöse. Es knallte und rumste, der Jet schien auseinandergerissen zu werden. Kleckrige, rote Striemen zerflossen, als hätte sich ein Farbtopf über dem Kabinendach entleert. Vogelschlag: eines der gefürchtetsten Vorkommnisse, denn gerät ein Piepmatz in das Strahltriebwerk, wird zwar das Tier zu Brei zerhackt, richtet aber großen Schaden an den Schaufeln an und kann dir ein schnelles Ende bereiten.

Schrecksekunde. Meine Ohrmuscheln formten sich zu Schalltrichtern, und gespannt wie ein Flitzbogen beäugte ich die Instrumente: kein Zeichen von Impotenz, keine Abnormalität. Heilfroh ließ ich die Luft aus dem zusammengepreßten Brustkasten strömen, atmete erst tief ein und dann auf. Nochmal Dusel gehabt. Ich war nur insofern behindert, als mir die Sicht durch eine Masse verschmierten, mit Federn durchsetzten Blutes erschwert war.

Du beginnst zu denken, daß du ein Lebewesen umgebracht hast, das gerade noch, ebenso wie du, stolz in den Lüften schwebte. Doch es war überfordert, unfähig, mit der technischen Evolution Schritt zu halten, ein rasches Ausweichen aussichtslos. Du verknüpfst deine Vorstellungen damit, daß du im Ernstfall wahrscheinlich nicht nur einem Bauwerk, sondern auch Menschen und der umgebenden Natur Verderben gebracht hättest. Aber du weißt ebenso, daß du durch diese Fähigkeit und dein Vermögen bisher dazu beigetragen hast, den Frieden zu erhalten. Das geringste Hindernis für eine deutsche Wiedervereinigung bilden Soldaten. Ergibt sich eine politische Lösung, sind sie als erste bereit, dem ehemaligen Gegner die Hand zu reichen, um gemeinsam einen neuen, reduzierten Status im Rahmen einer Entspannung zu finden. Der Rechtfertigung meines Berufes bedurfte es weder gestern noch heute oder morgen.

Ich wurde durch die kameraschwenkenden „wir-waren-auch-hier"-Enthusiasten aus meinem Grübeln aufgestört und fühlte mich betroffen, denn wir gehörten dazu.

Die Busse fuhren talwärts langsamer als hinauf. Das eröffnete einigen Jungens eine Erwerbsquelle: Sie sprangen den Abhang hinab und empfingen den Bus an jeder Haarnadelkurve mit Geheul und kassierten im Tal anerkennendes „well done" und Soles für ihren Spaß.

* * *

Die Diesellok zog eine lange Wagenreihe in Kiellinie durch grüne Andenhochtäler von Cuzco nach Puno, Schneegipfel der Fünf- bis Sechstausender in der Ferne. Wir saßen in einem Waggon 1. Klasse, im Sog des Buffet-Wagens. Der war kein Speisewagen im üblichen Sinne, sondern eine Festung gegen Diebstahl.

„Darin reisen die Geldschränke unter den Touristen, die kaum aus dem Fenster zu sehen wagen, aus Angst, man würde ihnen die Gucke von der Nase weg rauben", veranschaulichte ich die Situation.

Sie wurden durch das Zugpersonal abgeschirmt, das seinen Landsleuten verwehrte, die Enklave zu betreten.

So konzentrierten sich die Bemühungen der auf jeder Station herandrängenden Indios, ihre Waren an den Mann zu bringen, auf die 1. Klasse.

„In der 2. Klasse ist für sie nichts zu verdienen", hatte Karin entdeckt, „denn da fahren die einheimischen, sich selbstversorgenden armen Kirchenmäuse."

Sie brachten Pelzschuhe, warmes, duftendes Brot, Wollsachen, Fettgebackenes, Blumen, Marmorkuchen, Wandbehänge und Obst. Wir futterten, um Kalorien zu speichern, alles Eßbare; 10°C sind auch bei trockener Luft 20°C zu wenig.

„Ist das etwa keine Entschuldigung?" sagte meine Sparkostflamme und fügte rasch, um vom Essen abzulenken, hinzu:

„Kannst du dir vorstellen, daß diese Leute stehlen?"

„Nein, die bestimmt nicht, sie sind geradeheraus und brave, einfache Menschen."

Wir sollten recht behalten.

Diesem und dem von Arequipa kommenden Zug sprach man den zweifelhaften Ruhm zu, daß kein noch so gut bewachtes oder gesichertes Gepäckstück außer Gefahr war; daran änderte auch die gelegentlich anwesende Guarda Civil nichts. Es wurde raffiniert geklaut: einer lenkte die Aufmerksamkeit ab, Komplizen griffen zu und verschwanden. Es waren halbwüchsige Strolche. Wir blieben verschont, vielleicht, weil wir uns mit einem deutschen Paar zusammengetan hatten und man erkannte, daß wir nicht gewillt waren, gute Miene zum bösen Spiel zu machen?

Blickst du hinaus, siehst du lebendige, jahrhundertalte Überlieferung. Mit vom Fuß in die Erde getriebenem Holzpflug und vorsintflutlichem Pflanzholz wurden von den Indios die steinigen Felder bestellt, das Getreide mit kurzer Sichel geschnitten und auf eigenem Rücken oder denen der Esel und Lamas ins weit entfernte Gehöft getragen. Im Hof wurde es mit Knüppeln gedroschen, und der Wind trennte die Spreu vom Korn. 1400 Kartoffelsorten werden angebaut, eine gedeiht noch in 4000 Meter Höhe.

Die Frauen hüteten unterdessen das Vieh – Rinder, Schafe, Pferde –, das jüngste der Kinder auf dem Buckel, die Hände emsig mit der Spindel beschäftigt. Abends wurden die Herden in die Rasenmauern getrieben, um sie gegen die eisigen Winde zu schützen. Die Häuser waren aus Lehm gebacken, klein, ohne Fenster, gerade hoch genug, um darin aufrecht zu stehen.

„Seltsam, daß sie nicht einmal für die Umzingelungsmauern die herumliegenden Steine als Baumaterial verwenden", brachte Karin vor.

„Die Sonne ersetzt die Heizung. Die Erde speichert, im Gegensatz zu Stein, am Tage die Wärme intensiver und gibt sie nachts stetiger wieder ab. Außerdem ist diese Bauweise erdbebensicherer."

„Wie könnte man wohl den Lebensstandard dieser Menschen erhöhen?" Karin umriß das Dilemma, das alle unterentwickelten Länder betrifft. „Wäre es gut, ihnen Traktoren zu geben?"

„Stell dir die Konsequenz vor. Die Feldarbeit, die jetzt die meiste Zeit des Jahres ausfüllt, wäre schneller und leichter erledigt – sicher eine große Hilfe; dann aber beginnen die Kalamitäten. Es wird Treibstoff benötigt und Ersatzteile. Was sollte man mit der neuen Freizeit anfangen? Weil die körperliche Anstrengung wegfiele, würde man die Kälte spüren, brauchte Strom für Fernsehen, Musikanlagen und anderen Krimskrams; eines zieht das andere nach sich. Traktoren wären da in der Tat der Tropfen auf den heißen Stein, der verdampft und alles nur schlimmer macht."

Eukalyptusbäume umsäumten die Ufer des Rio Vilcanotu. Die Eisenbahnschienen liefen nebenher und querten ihn über Brücken bis zur Wasserscheide zwischen Atlantik und Pazifik, dem 4325 Meter hohen Paß Abra la Raya. In dieser Region weideten die Vicuñas. Es ist die dritte Art von Lamas, ein zierliches Tier, das ein besonders feinwolliges und seidiges Vlies hat.

Mitten auf der Strecke der grasigen Hochebene blieb der Zug stehen: Maschine kaputt.

„Gehen wir doch baden in den geysirartigen Thermalquellen, vielleicht wird uns dann endlich warm" – gesagt, nicht getan, da siedend.

Eine Ersatzlok kam nach vier Stunden angedieselt und zog den lädierten Gliederwurm den Paß hoch, darauf schob dieser beide Lokomotiven nach Juliaca hinunter.

Juliaca ist Verkehrsknotenpunkt und wichtiger Handelsplatz. Gänsehäutig verbrachten wir den Rest der Nacht, denn der Aufenthalt zur Reorganisation der Fahrpläne dauerte zwei Stunden.

Endlich zuckelten wir in die 3820 Meter hoch am Nordende des Titicaca-Sees gelegene und von Indios geprägte Stadt Puno. Im Hotel schwärzten wir wiederum unsere Zehen an der bekannten Heizspirale.

„Das Duschen im winzigen Waschraum ist vielleicht umständlich", fand Karin heraus. „Die Brause hängt über dem Schwenkbereich der Tür. Drehst du den Hahn der Warmwasserleitung auf, kommt gewöhnlich erst kaltes Wasser, hier zum Schlottern schuckriges."

„Willst du warmes, muß es einige Zeit laufen."

„Dann kommt es brühend."

War die Tür zu, wurden wir zu Eiszapfen geformt, war sie offen, stand das Zimmer unter Wasser.

„So präsentiert sich ein genialer Spaßvogel mehr aus dem Berufsstand der Architekten", rügte ich. „Dieser kommt bestimmt aus der Schiffsbaukunst, wo eine Tür drei Funktionen erfüllen muß."

Der Titicaca-See liegt im einstigen Gebiet der Aymará, die ihn den „Stein des Jaguars" nannten. Aus sehr großer

Höhe erkennt man die Umrisse einer springenden Raubkatze mit ausgestreckten Beinen. Uns Seeleute interessiert er als der höchste schiffbare See der Erde, 195 Kilometer lang und 56 Kilometer breit.

„Eine direkte Beziehung zum Amazonas läßt sich nicht herstellen – er empfängt sein Wasser zwar genauso aus den Anden, aber auf der anderen Seite."

„Eine indirekte jedoch: auf ihm schwimmen ebenfalls Inseln, allerdings nicht aus Schilf, sondern Binsen (totora)."

Die Urus wohnen auf diesen Untersätzen, die sie früher sogar mit Kartoffeln bepflanzten; heute sichert der Forellenfang und der Lohn der Neugierigen ihren Lebensunterhalt. Ihre Behausungen sind zeltförmig geflochten. Meerschweinchen hüpfen auf dem nachgiebigen, glucksenden Fußboden.

„Würden wir hier übernachten", malte ich mir aus, „könnten wir Schnupfen und Husten durch Rheuma und Flöhe ergänzen."

Mit ihren Binsenbooten paddeln oder segeln die Urus Regatten zum Fischmarkt. Die mit der Zeit verrostete Großschiffkonkurrenz kam aus England und wurde, in Einzelteile zerlegt, zum See transportiert. Nunmehr ist ein Tragflächenboot dabei, die Dampfschiffahrts- und Urubootromantik in die Binsen zu jagen.

* * *

Die Chullpas der Aymará befinden sich nordwestlich von Puno. Wir bewunderten die hohen, runden und viereckigen Turmruinen, deren Mauern aus gewaltigen Blöcken bestehen: unergründlicher Stein des Anstoßes für die Archäologen.

Das erstaunlichste Bauwerk, das diesen Trägern der Tiahuanaco-Kultur zugeschrieben wird, liegt in ihrem ehemaligen Zentrum südlich des Titicaca-Sees. Um dorthin zu gelangen, brachte uns ein Colectivo zum Grenzort Desaguadero, am einzigen Abfluß. Pässe, Stempel, Geldwechsel und wir waren in Bolivien. Stempel, Pässe, Autobus, Steinwüste, Staub; wir fuhren auf dem Grund des Sees, dessen Spiegel einmal 30 Meter höher gewesen war. Das Dorf Tiwanaco verdeckte die Sicht auf den Ruinenkomplex.

Tiahuanaco: Zauberwort für Rätsel, ohnmächtiges Nichtwissen. Dabei ist erst ein Bruchteil ausgegraben.

„Was mag unter den grasbewachsenen Hügeln noch verborgen sein? Es arbeiten hier nur drei Mann; haben die Forscher vor dem Mysterium kapituliert?"

„Du erwartest zu viel", sagte Karin besänftigend. „Es war bereits alles lange verfallen, als die Inkas herkamen. Schauen wir uns an, was heute ohnedies schon genug Fragen aufwirft."

Die Kalasasaya; gewaltige, senkrechte Monolithen, passend zusammengefügte Quader, Röhrenhalbstücke, Statuen, das kleine und das Monolithentor mit Flachrelief im Fries, mit dem fremdartigen Gesicht im Mittelpunkt. War Cuzco der Nabel der Inkawelt, so war dies der Nabel ihrer Urvorfahren.

Der Wind fegte schneidend über den Altiplano. Karin hängte sich in Lee an meinen Arm, und wir gingen zur Straße, um auf den letzten Bus zu warten.

„Warum müssen wir Menschen immer nach der einen Wahrheit suchen. Genügt es nicht zu wissen, daß wir sie nie erfahren werden?"

„Diese Erkenntnis hat man auch erst auf der Suche nach Wahrheit erlangt."

Die Antwort war logisch, aber mir war nicht wohl dabei.

70 Kilometer krachte der Bus über Schotterstraßen in die dunkle, klare Nacht. La Paz, Hochhauskolonie, von der erst etwas zu sehen ist, wenn man am Talkessel steht. Vorher rundum steiniges Wüstenhochland. Das Indianer-

viertel verweht im Sand. Schneebedeckte Gipfel der Cordillera Real blicken in das 800 Meter tiefe und 3 Kilometer weite, steile Tal, in dem die Gebäude wie auf einer Moräne hinabzugleiten scheinen. Erinnerung an Caracas; aber die Hauptstadt Venezuelas hat einige ebene Straßen. In La Paz geht es entweder bergauf oder bergab. Wir fanden selten eine Stelle, wo man gerade stehen konnte – wie auf See bei ständiger Krängung hart am Wind.

„Die Einwohner leiden sicher unter verknaxten und verdickten Knöcheln", mutmaßte ich mitfühlend.

Wenigstens der Boden unseres Hotelzimmers verlief horizontal.

„Da besuchen wir diese fußgängerfeindliche rauf-und-runter-Stadt nur, um zu sehen, was man in Tiahuanaco gefunden hat, aber wann immer wir ein Museum besichtigen wollen, wird es renoviert. Das Museo Nacional macht keine Ausnahme."

Mit langen Gesichtern standen wir vor dem Baugerüst.

So fahndeten wir nach einem Ausgleich für die herbe Enttäuschung. War es nicht musealische, erstrebten wir nun kulinarische Erquickung im Deutschen Club, naturalmente e.V. Wie es Preußen ansteht, leiteten wir die Schlemmerei mit Münchner Bier im Maßkrug ein. Es war wie in alten Zeiten – und geheizt. Die Pickelhaut glättete sich, wir fühlten uns pudelwohl in spanisch sprechender Umgebung.

Ein Herr trat auf uns zu, stellte sich als Gonzales, Geologe, vor, fragte uns, ob wir Alemanes seien, woher und wohin.

„Haben Sie schon gegessen?"

„Nein."

„Dann rate ich Ihnen zur Bayerischen Wurstplatte mit Pumpernickel. Die Wurst ist ganz ausgezeichnet, frisch von drüben."

Ein Angebot nach unserem Geschmack.

„Was sagen sie zu der neuesten Revolution?"

„Wo, hier in Bolivien? Erregung war nicht zu verspüren."

„Das Volk beachtet das Operettentheater gar nicht; die Schauspieler wechseln und die Kostüme bleiben die gleichen. Gewöhnlich erhalten wir von einem Staatsstreich in der Hauptstadt Sucre in La Paz erst Kenntnis, wenn eine Ausgangsbeschränkung verhängt wird."

„Bedeutet das, daß wir nicht zurück in unser Hotel können?"

„Von 2300 bis 0600 Uhr darf sich keiner auf der Straße sehen lassen; er wird kurzerhand ins Gefängnis gesteckt, ohne Zentralheizung."

Wir schreckten auf, Gefängnis ist übel – aber ohne Heizung ...!

„Wenn wir Sie, Señor Gonzales, nicht getroffen hätten, säßen wir diese Nacht im Knast. Niemand hat davon einen Pieps verlauten lassen."

„Sehen Sie, das ist Bolivien: wäre keine Ausgangssperre, hätten Sie es sofort vernommen."

Um 2258 Uhr traten wir vom gähnend leeren Plaza durch die Pendeltür in die Geborgenheit des Hotels.

Ebenfalls rein zufällig erfuhren wir bei einem Gespräch mit Tischnachbarn, daß es notwendig war, sich bereits hier bei der Migración abzumelden.

„Andernfalls werden Sie an der Grenze zur Kasse gebeten und lange warten müssen."

Auf dem Weg zur Behörde sahen wir vor einigen Geschäften Schlangen geduldiger Menschen – Zuckerknappheit. Sie verkündete: kein süßes Dasein in Bolivien.

* * *

Wieder in Puno, wählten wir die zuverlässig unregelmäßige Busverbindung über Arequipa nach Nazca, der Wirkungsstätte von Maria Reiche.

Die Tortur begann um 1630 Uhr, eine halbe Stunde

vor Abfahrt. Auf dem Busverdeck stapelten sich Kisten, Kartons, Säcke, Körbe und ein lebender Hammel. Alle Plätze und der Mittelgang barsten über von einer hin- und herschiebenden, schnatternden Menge. Wir drangen bis zu unseren reservierten Sitzen vor und hielten unsere Platzkarten einer massigen Frau mit Hut, fünf Kindern und dem dazugehörigen Gepäck vors Gesicht. War sie Analphabetin? Sie beschäftigte sich mit ihren Kindern, die ihr wichtiger waren als unser Recht. Ungeduldig hörte sie sich an, was wir ihr beizubringen versuchten. Offenbar wurden wir ihr bald lästig, denn sie holte zwei Fahrscheine aus ihrem Beutel und schwenkte sie vor unseren Augen. Karin sah, daß alles mit unrechten Dingen zuging. Sie saßen auf unseren Plätzen und hatten Anspruch darauf. Die, und noch andere Karten waren zweimal verkauft worden. Der Schaffner werkte mit Mund und Händen und bugsierte uns zum Schluß auf eine hintere Sitzreihe.

Es wurde die frostigste Galeerenfahrt unseres Lebens. 15 Stunden auf der 350 Kilometer langen Altiplano-Schotterstraße hinter Eisblumenscheiben, in der Duftwolke frischer, süßlich riechender Muttermilch.

„So gut möchte ich es auch mal haben, die Säuglinge brauchen nur zu greinen, dann werden sie gestillt."

Eingehüllt im unzureichenden Poncho, umgeben von auch zähneklappernden, unter Wolldecken vergrabenen Indios, kamen wir in Arequipa an. Das fahle Licht des Vollmonds ließ die im Sand weit verstreuten Ortschaften noch gespenstischer, verlorener und trostloser erscheinen.

Der letzte Teil der Fahrt auf den Abhängen des von der Morgensonne beschienenen, schneebedeckten Vulkans Misti söhnte uns mit der nächtlichen Qual aus. Die weiße Stadt, aus Tuffstein erbaut, gleißte in dem kahlen, mit Felsbrocken übersäten Tal, eine Oase in der Steinwüste.

Auf dem Plaza de Armas begrüßten wir freudig ein uns

bekanntes, deutsches Reisepaar in unserem Alter. Ihnen aber war die Freude verleidet.

„Wir sind diese Nacht mit dem gleichfalls unterkühlten Zug von Puno hierher gefahren. Meiner Frau ist vor einer Stunde die Tasche, die sie in der Eisenbahn erfolgreich gehütet hatte, gestohlen worden. Ich wurde angerempelt, ein junger Bursche entriß ihr das gute Stück und sprang in ein bereitstehendes Auto. Wir nahmen mit einem Taxi die Verfolgung auf, vergeblich."

Es geschah am Vortage ihres Rückfluges von Peru, dem Ende einer langen Reise durch Südamerika. Verschwunden waren Flugkarten – ärgerlich, aber ersetzbar –, Personalausweise und zig belichtete Filme mit unwiederbringlichen Erlebnissen – samt und sonders wertlos für die Diebe.

Die seelische Erbauung, die wir nach diesem Bericht nötig hatten, gab uns auch der Besuch des spröden Museum-Klosters Santa Catalina nicht, einer Stadt für sich, verschachtelt und verwinkelt, in der die Nonnen vor Jahren autark sich selbst erhielten.

Auf der Weiterfahrt nach Nazca durch den sandigen, öden Küstenstrich am Pazifik malten wir im Geist die braunen Segel von ‚Krios' auf die blaue See. Wir befanden uns in dem 3000 Kilometer langen Trockengebiet an der Westküste Südamerikas, das sich von Chile bis nach Ecuador ausdehnt.

Die Küstenwüste ist primär durch ihre Lage im Einflußbereich des Hochdruckringes der Roßbreiten und der niedrigen Wassertemperatur des aus der Subantarktis stammenden Humboldtstromes bedingt. Zudem wird durch den Südostpassat das Wasser von der Küste fortgedrückt und so eine Strömungsdivergenz im Meer geschaffen, die kaltes Tiefenwasser nach oben steigen läßt. Die auflandige, feuchte Seeluft kühlt sich nachts ab und es kommt zu Nebel (garúa), aber keiner Schauerbildung. In dieser „Feuchtluftwüste" umgab uns eine karge, kümmerliche Vegetation.

Das Städtchen Nazca liegt 450 Kilometer südlich von Lima in 820 Meter Höhe. Die Morgenstunden fanden uns in einem gecharterten Flugzeug nördlich von Nazca über dem „größten Astronomiebuch der Welt", wie der amerikanische Kulturhistoriker Dr. Paul Kosok, der sie 1939 entdeckte, die Scharrlinien auf den Pampas nannte. (Pampa bedeutet in dieser Gegend nicht Weide- sondern Hochland.) Im Jahre 1946 begann Maria Reiche auf seine Veranlassung mit der Erforschung des 60 Kilometer vom Meer entfernten, über 50 Kilometer langen Gebietes. In mühevoller Feldarbeit mit Meßband, Leiter und dem Besen legte sie bloß, was Bewunderung und Staunen erregt.

Ein Netzwerk gerader Linien, geometrische und Tierfiguren in gigantischen Ausmaßen erkannten wir auf der Ebene und den Berghängen. Manche Figuren waren leicht auszumachen, einige erst nach längerem Hinsehen, denn Fahrspuren und Trampelpfade verwischten die Umrisse der Zeichnungen. Im Westen durchschnitt auf der Trasse einer Inkastraße die Panamericana das Gelände. Wir fragten, wie so viele vor uns, wer mit welchen Hilfsmitteln und zu welchem Zweck den Entwurf der Proportionen in diese Dimensionen zu übertragen vermochte.

Im Hotel „Turistas" hatte die deutsche Mathematikerin und Geographin ihr Domizil aufgeschlagen. Wir besuchten sie am Nachmittag ihres 78. Geburtstages. Die weißhaarige, hagere alte Dame empfing uns aufgeräumt und frohgestimmt.

„Ich habe einen Brief erhalten, in dem mir eine Geldsumme zur Errichtung eines neuen Aussichtsturms für Besucher zugesichert wird, der die Herumstapfenden von den empfindlichen Zeichnungen fernhalten soll."

Ihre Sehkraft hatte sehr nachgelassen und sie bat uns, den Brief mit ihr gemeinsam zu beantworten. Wir taten ihr gern diesen Gefallen.

Dann sprach sie über ihr Werk.

„Nach intensiver Kleinarbeit ist es mir erst kürzlich gelungen, die Frage der Übertragung des Maßstabes auf die Figurengröße zu beantworten."

Über ihr Manuskript gebeugt, erläuterte sie die Methode: „Drei Kreisbögen mit verschiedenen, bestimmten Winkeln erlaubten, alle vorkommenden Kurven im Großen mittels Pflöcken und auf die Grundeinheit von 33 Zentimetern geeichten Seilen zu konstruieren, je nachdem, welches Segment angelegt wird."

„Und wer ...?"

„Das wissen wir nicht. Vielleicht die Träger der Kultur von Nazca; auf vielen Keramikfunden erweisen sie sich als gewandte Zeichner. Den Weltraum-Naviganten-Gläubigen", ich zuckte zusammen, „möchte ich nicht die Illusion rauben, aber ich bin Wissenschaftlerin. Damit scheiden jegliche Spekulationen dieser Art für mich aus."

Sie maß den Zeichnungen astronomische Bedeutung bei.

„Die Tiere sind Symbole für Sternbilder. Wie man in den gemäßigten Zonen des Nordens den Frühling ersehnt, so hier den 21. Dezember, wenn man auf die Ankunft des Wassers in den Flüssen wartet. Auf der ganzen Welt finden sich Monumente, die zur Beobachtung der Sonnenwende gedient haben. Eine beträchtliche Anzahl läßt sich auch als Mondlinien definieren. In den tropischen Breiten, wo Sonne und Mond bei ihrem Höchststand einmal im Norden, einmal im Süden stehen, konnte dieser Wechsel nicht unbeachtet bleiben."

Wir luden sie ein, die Professora, wie sie im Ort jedes Kind nennt, mit uns zu abend zu essen. Ihr üppiges Mahl bestand seit Wochen aus nichts anderem als Pellkartoffeln mit Butter. Sie ließ uns von ihrem Gesundheitssaft kosten: Weißkohl, Zwiebeln, Ananas oder so ähnlich!

Karin: „Aah."

Ich: „Iih."

„Wer wird Ihre Arbeit fortführen?"

„Das ist meine geringere Sorge; die Regierung hat sich des Schutzes der Pampa angenommen. Viel drängender ist das Problem, die Linien überhaupt zu erhalten. Obwohl die Zeichnungen nur aus ganz leichten Vertiefungen im Boden bestehen, sind sie der Zerstörung durch die Witterung entgangen. Hier regnete es nie. Der Wind treibt den Flugsand nach Norden über die Ebene hinweg; zudem trägt eine dünne Gipsschicht dazu bei, die Steine auf der Oberfläche festzukleben. Durch die wachsende Industrialisierung und der damit verbundenen Luftverschmutzung hat sich in letzter Zeit das Klima verändert. In der Gegend von Nazca fallen bereits ab und zu Niederschläge. Deswegen fürchte ich um den Bestand der Linien."

Mögen die mysteriösen Zeichen, deren Erhaltung das Lebenswerk dieser agilen, liebenswürdigen Dame ist, die noch täglich in ihrem hohen Alter aus dem mit Plänen und Entwürfen vollgestopften Zimmer hinaus auf die Pampa streift, künftigen klugen Köpfen zur Enträtselung unbeschadet bleiben!

* * *

Nach Lima reisten wir in einem komfortablen Autobus. Die Altstadt mit den symmetrisch angelegten Plätzen und Bauten war das eine Besichtigungsziel. Bücherstände flossen über von antiquarischen und Neuausgaben. Wißbegierige Studenten auch hier. Lasen sie nicht, spielten sie Schach. In langen Reihen vor den Häuserfronten standen die Schachbretter auf Holzgestellen.

„Die Kontrahenten spielen im Stehen schneller als wir beim Sitzen", urteilte Karin.

„Dafür spielen wir beim Sitzen besser als im Stehen."

Die Museen Antropológico y Arqueológico und Peruviano del Oro waren die anderen Anziehungspunkte. In dem einen Miniaturlandschaften, Sitten und Gebräuche in

Spielzeugformat, Gerätschaften, Waffen, Wandbehänge und Kleidung aus feingewebten Stoffen, Mumien, Quipus und Keramikgefäße mit Darstellungen des täglichen Lebens. Daneben als angepriesene Hauptattraktion eine unzweideutige und variantenreiche, tönerne Schau über das damalige Verhältnis zwischen den Geschlechtern, umrahmt von animalischen Ausschweifungen.

„An dem Tun hat sich offensichtlich nicht viel geändert", meinte ich enttäuscht. „In ihren sexuellen Phantasien waren sie auch nicht erfinderischer als wir."

Wenn schon mal ein Museum geöffnet ist ...

Die dunkle Schatzkammer des Goldmuseums dagegen zog uns magisch an. Hatten wir in Santarém darauf verzichtet, als garimpeiros (Goldsucher) mitzuwirken, sahen wir hier in künstlerischer Veredelung, was uns entgangen war. Trefflich ziseliert und mit Edelsteinen ausgelegt, lächelte uns das Ebenbild des „weinenden Gottes" vom Sonnentor durch die Panzerglasscheiben an. Wir mochten uns gar nicht trennen. Sollen wir den spanischen Eroberern für die Gnade danken, der Nachwelt ein paar nicht eingeschmolzene Stücke der erlesenen Schätze hinterlassen zu haben? Möge die Mumie des Pizarro im Glassarg in der Kathedrale am Plaza de Armas zu Staub zerfallen und das nächste Erdbeben sein Reiterstandbild verschlucken, anstatt unschuldige Menschen zu verderben, in Umkehrung des spanischen Schlachtrufes:

„Santiago y a el – heiliger Jacob, drauf auf ihn!"

Wie auf allen Strecken scheuchte man uns auch auf dem Wege nach Ecuador im Abstand von 100 Kilometern aus dem Bus:

„Extranjeros pasaportes – Ausländer, die Pässe!"

Ohne „por favor", unfreundlich, barsch wurden wir herumgeschubst. Uns riß der Geduldsfaden; ich verbat mir, daß wir wie eine Ladung für Massengutfrachter behandelt wurden.

„Wenn wir schon warten müssen, bis wir in tausend Listen eingetragen werden" – in Südamerika wartet man anscheinend immer auf irgend etwas – „dann gefälligst auf unsere Art."

Die Einheimischen im Wagen zückten auf Kommando ihr Kennkarten.

* * *

Guayaquil am Rio Guyas ist das Hafen-, Wirtschafts- und Finanzzentrum Ecuadors, die heimliche Hauptstadt. Kommst du von Süden, ist der Übergang von Peru nach Ecuador auch ohne künstliche Markierung sichtbar. Bis zur Grenze Dünen, Sand, Ölpumpen, vereinzelte Oasen, Steilküste, Felsen, Dörfchen, wo Fischer Balsa-Flöße unter Segel setzen. Dann eine grüne, mit Wäldern bestandene und intensiv landwirtschaftlich genutzte Tiefebene; der Humboldtstrom hat seinen Einfluß verloren.

Über den Rio Guyas führt eine Brücke. Am Friedhof, in dessen aufgetakelten und kitschigen Mausoleen die Verstorbenen genauso tot sind, wie nebenan die schmucklos in Mietskasernen eingemauerten, ging es vorbei in die Innenstadt mit der Bar, wo frische Erdbeeren mit Schlagsahne reizten.

„60 000 Deutsche wohnen in der Umgebung, doch immer sind es noch nicht genug Facharbeiter; ein Tummelplatz für den, der pfiffig ist, etwas kann und schnell Geld verdienen will", so drückte es ein Emigrant aus, der Heilwässerchen an die vielen Häuserecken lieferte, an denen es Apotheken gibt.

Wir lernten eine fortschrittsgläubige Bevölkerung kennen, stolz auf natürliche Ressourcen, die ihr in den Schoß fallen, und die hämisch auf das benachbarte, ärmere Peru herabblickt, dessen fleißige Landeskinder ohne diesen Segen ihren kargen Boden bestellen.

Mit einer Reisegesellschaft teilten wir den Triebwagen,

der uns die 460 Kilometer nach Quito bringen sollte. In mehreren Handbüchern waren Seiten dieser Eisenbahnlinie gewidmet und mit überschwenglichen Worten die Fahrt beschrieben. So hieß es da:

„Für ängstliche Gemüter ... kann die Fahrt ein Wagnis sein. ... es folgt nun die schwierigste, großartigste und oft im wahrsten Sinne des Wortes atemberaubende Strecke ..." Wir haben die Autoren in Verdacht, voneinander abgeschrieben zu haben, ohne daß einer von ihnen je den Zug bestiegen hat. Wegen der durch diese Formulierungen hochgeschraubten Erwartungen waren wir um so desillusionierter. Zweifellos fährt die Bahn durch landschaftlich reizvolle Gegenden, auch überwindet sie Steigungen, die einem Achtung für die Erbauer abnötigen; wer indessen die Eisenbahn von Cuzco noch in Erinnerung hat, die sich in ebenso steilen Kehren vor- und rückwärts aus dem Talkessel windet, erlebt nichts Neues.

Die Mitreisenden verließen in Riobamba auf Befehl ihres Bärenführers den Wagen. Der Schaffner versprach uns ausdrücklich einen längeren Aufenthalt, und so nahmen wir das Angebot zweier Indios zum Backen und Banken an. Unter dem weißen, 6310 Meter hohen, freistehenden, trachytischen Chimborazo und dem 5320 Meter hohen, aschespeienden Vulkan Sangay kauten wir an unseren zähen Hühnerbeinen. Der erste Bissen stak noch im Hals, als der Zugführer zur Weiterfahrt pfiff. Zwei fix bezahlte angeknabberte Geflügelknochen und dreiviertel volle Bierflaschen blieben in den Händen der Männer zurück, die fröhlich unsere Mahlzeit zu Ende brachten.

Quitos enge Gassen trennen sehenswerte Bauten aus den vorigen Jahrhunderten, Paläste, Kirchen, Klöster, auf Hügeln errichtet, die der Vulkan Pichincha, vor dessen 4701 Meter hohem Gipfel Humboldt umkehren mußte, aus seiner Lava formte. Es ist eine Stadt, in der du dich verfransen kannst. Richtungsbake war uns der Panecillo (Brötchen), ein 200 Meter hoher Berg in der Mitte des

Talendes. Als Aussichtsplattform empfohlen, war er den Stadtvätern dennoch nicht hoch genug. Ein brandneuer Erz-Engel aus Aluminium jongliert mit einer Kette auf dem Erdball und breitet die Flügel aus.

„Wir hätten uns die Mühe ersparen sollen, ihm im Innern durch Bauschutt zu Kopf zu steigen", resümierte Karin und klopfte sich den Staub aus den Hosen.

„Ja, wir sind zu früh", antwortete ich; „in einem Jahr wird der Bootsmannsstuhl in Betrieb genommen, dann hätten wir es bequemer gehabt, die um nichts verbesserte Aussicht zu er‚fahren'."

Der Kreis hatte sich geschlossen. Unser Törn war beendet, wo voller Erwartung das Abenteuer des Orellana begann. Von den eisigen Anden hinab schwebten wir in die belaubte Weite.

„Nach der zwanglosen Ungebundenheit", wandte ich mich an Karin, die aus dem Fenster die Andenausläufer betrachtete, in deren Täler der Wald fingrig hineingriff, „hat uns die Touristenzange schärfer gekniffen als Ausflügler, für die der Rummel nichts Besonderes ist."

„Ja, aber wenn du das Drumherum wegstreichst, bleibt doch der unauslöschliche Eindruck von der mannigfaltigen Lebensart der Menschen, die sich den kargen Bedingungen hervorragend anzupassen und sie ihren Zwecken dienstbar zu machen wissen und von den grandiosen Zeugnissen ihrer Vergangenheit. Tá?"

„Tá!"

Als sich der Ausstieg des Flugzeuges öffnete, überfiel uns Treibhausschwüle. Der Unterschied von 13°C Frische und 34°C Hitze betrug 21°C Erkältung. Wir hörten nicht auf zu husten und zu schnupfen und zu niesen.

6. Kapitel

Strom-Ab-Gesang

Logbuch: 18. Juli 1981, Samstag,
UTC + 5 Std, Var. 002° W,
1400 h, Wind SW 4 BF, Wolken 8/8, gute
Sicht, 1010 mb, 18°C, rel. Luftf. 56%, ein
neu plombierter Skipperbackenzahn!

Kälteeinbruch! Nachts hatte es 13°C, und wir suchten unsere bereits eingemotteten Lamas wieder hervor. Zehn Tage hielt der Abschiedsgruß aus den Anden an.

„Es ist begreiflich, wenn die Menschen in ihren luftigen Hütten krank werden, wo sogar die Fische im kalt gewordenen Wasser eingehen", sagte Karin mitfühlend.

‚Krios' war seit Wochen nicht in Fahrt gewesen, nun konnten wir lossegeln – mit einer Pinne aus „Canela mohena", die Gänge ließen sich leicht einlegen, und am Bug strotzte eine überdimensionierte Rollengabel. Um die Schaltung zu richten hatte man mit einem Kran das Heck aus dem Wasser gehoben. Es zeigte sich, daß eine neue Welle fällig war. Die alte war dort, wo sie in der Stopfbuchse gelagert ist, bis auf wenige Millimeter abradiert; in kürzester Zeit wäre sie gebrochen. Den überhöhten Werftpreis zahlten wir ohne zu murren; wir konnten von Glück sagen, daß uns mitten im Busch überhaupt geholfen wurde.

Das Boot hatten wir wohlverwahrt und beschmutzt, wenn auch nicht unbeschädigt vorgefunden. Wie auf einem Verschiebebahnhof wurde es jeden zweiten Tag verholt, sei es, daß der Liegeplatz anderweitig benötigt wurde oder der Fluß so stark fiel, daß alles vom Ufer wegrücken mußte. Zum Andenken an unseren Aufenthalt schenkten wir dem Kommandanten einen Clubstander; das Wappen der Basis verziert unseren Niedergang.

Es war ein weiter Weg, den wir vor uns hatten, aber mit dem ablaufenden Wasser war es keine ausgesprochene Plackerei. Meistens blieben wir im Hauptstrom; die Paranás als Abkürzung benutzten wir nur, wenn sie tief genug waren.

„Flußabwärts wäre eine Grundberührung recht unangenehm", mahnte ich zur Vorsicht, „denn gegen die Strömung kämen wir ohne Hilfe nicht frei."

Das schlammige Braun war klarer, ein Zeichen dafür, daß der Fluß zahm geworden war und weniger Sedimente führte als während des Steigens. In dieser Periode hatte er Böschungen unterhöhlt, das Erdreich abgerissen und als Fracht mit sich genommen. Abgetrocknete Landstriche lagen jetzt übersät wie mit zerbrochenen Streichhölzern, über die wir aufwärts gefahren waren; uns grauste nachträglich. Die uns entgegenkommenden Schiffer beneideten wir nicht, wenn wir die berüchtigten Buchten wiedererkannten, in denen wir gefochten hatten. Wir paßten gewaltig auf, uns nicht zu verfahren, um diese Würgerei zu vermeiden.

Schneller als der Strom, holten wir hinter Leticia die mit dem Hochwasser abziehenden, geliebten Schilfinseln ein. Da wir den Weg wählen konnten, störten sie nicht sehr.

Etwa 180 Meilen vor Manaus erhaschte es uns dennoch. Ein Balken geriet unter den Rumpf, schlug an die Schraube und verkeilte sie im Vorwärtsgang. Auf den Holzschienen einer carreira in Manaus leierte man uns aus dem Wasser. Mit einer primitiven Drehbank wurde perfekt und sauber ein altes Propellerteil auf neu repariert, für das man uns in Europa zwecks Ersatz an den Hersteller verwiesen hätte.

Der Fluß war zu Beginn um drei Meter gefallen, bei Manaus stand er aber noch höher als auf der Hinreise.

Nachdem ‚Krios' vier Tage auf dem Slip verbracht hatte, glitten wir ratternd in die ölige Brühe des Igarapé. Wir mochten es nie, wenn ‚Krios' auf dem Trockenen war; von keinem Werftliegeplatz sind wir sauberer heruntergekommen als hinauf. In Dreck und Unrat war es ein herausragendes Ereignis, wenn morgens pünktlich die catraias (Kanu mit zwei Riemen) frisches Brot, kühle Getränke und Imbisse anboten. Nur hier haben wir diese Art des Ruderns gesehen, die anderswo üblich ist. Sie wurde von den Portugiesen eingeführt, mit dem Kompromiß, daß der catraieiro mit der Nase in Fahrtrichtung sitzt.

Jacó hingegen paddelte uns mehrmals auf die gewohnte Manier zur rampa. Er hatte ein entstelltes Gesicht, seine Finger waren Stummel, und die unförmigen Fußklumpen hielt er unter das Sitzbrett geklemmt – doch sein Kanu war das farbenfreudigste und trockenste der gesamten Konkurrenz: Kompensation seines Leidens. Er zog die Fährdienste, die ihm den kärglichen Unterhalt sicherten, dem Leben in einer der beiden Leprakolonien vor. Wir sahen die Leprosário „Paricatuba" auf der Südseite des Rio Negro liegen, 6 Meilen westlich von Ponta Negra. „Antonio Aleixo" heißt die Station nördlich der Stadt.

Für ein paar Tage tummelten wir uns im Rio Negro-Inselreich des Arquipélago Anavilhanas, im Gepäck die langersehnte Post von daheim, die der anteilnehmende Konsul sechs Monate für uns aufgehoben hatte, säuberten Deck, Unterwasserschiff, Wäsche und uns, tauchten im klar-warmen Wasser.

„Klasse", schwärmte die Mannschaft, „endlich können wir uns im Dunkeln wieder hinauswagen und doch die Mückenstiche an einer Hand abzählen."

Sodann setzten wir die Rückreise leichten Herzens fort; der Tapajós erwartete uns ja mit denselben Annehmlichkeiten.

Auch jetzt beehrten uns die so oft beschriebenen, wochenlangen, ununterbrochenen Regenfälle und die unerträgliche Luftfeuchtigkeit nicht. Von Ost nach West nimmt die Niederschlagsmenge im Jahresdurchschnitt von 2600 Millimeter in Belém auf 1800 Millimeter in Manaus ab; am höchsten ist sie im März. Es gab viele Gewitter und regelmäßige Schauer, bei denen es wie aus Eimern schüttete, sie dauerten aber nie länger als anderthalb Stunden. Veränderungen kündigte das Barometer einen Tag vorher an; es schwankte bis 12 Millibar. Nachts war es, besonders weiter westlich, für unsere Begriffe zu heiß, zumal so gut wie nie Wind wehte.

Unterhalb Manaus schrumpften die täglichen Etmale immer mehr. Was uns flußaufwärts kräftig geschoben hatte, bremste nun unser Fortkommen. Die Flut war stärker als der Fluß und dauerte etwa ein Drittel länger als die Ebbe. Wir mußten gegen Strom und Wind ankreuzen, also wieder durch die Wiesenfelder wandern. Strauchelnd schlängelten wir uns bergab.

Weil wir nicht hetzen wollten, hatten wir unseren Ankunftstermin in Belém auf Ende Oktober gelegt.

„Jetzt werden wir uns noch ins Zeug legen müssen, um Weihnachten anzugelangen!" stöhnte der Koppelmaat.

Unser Advent fiel mit dem christlichen zusammen. Beim Yacht Club hatte sich nicht viel geändert. Carlos, der eigentlich längst auf allen Meeren schwimmen wollte, bastelte immer noch an seinem Trimaran, die Discomusik grölte etwas leiser ihr „Downside up" über den Fluß, Rollschuhlauf war nicht mehr in, dafür wurde auf einer neuen Bahn gekegelt, und der Ankerplatz war so unsicher wie je.

Eine gute Nachricht erreichte uns, die über Radio eingeleitet worden war.

Heinz, ein Jugendfreund, von dem wir wußten, daß er in der Gegend von São Paulo wohnte, war nach Kriegsende mit seiner Familie nach Brasilien ausgewandert. Seitdem war die Verbindung abgerissen.

„Heinrich", hatte ich beiläufig in einem Funkgespräch mitten im Dschungel gefragt, „kennst du zufällig einen Heinz F.? Er muß bei Dir in der Nähe leben. Schaust du mal ins Telefonbuch?"

„Heinz F. – im Buch steht er nicht; aber einen Augenblick, mit ihm hatte ich vor zwei Jahren geschäftlich zu tun. Er ist Direktor und macht in Technik. Ich werde gleich bei der Firma anrufen und von euch Grüße bestellen."

„Wir haben 30 Jahre nichts voneinander gehört, das wäre prima."

Im Nu schalteten sich andere Amateure ein und rollten den Schneeball um und um. Halb Brasilien nahm daran Anteil, daß zwei lang getrennte amigos sich wiedergefunden hatten. Heinz und Anhang flogen nach Belém, verbrachten einige Tage mit uns an Bord und verliehen unserem Amazonasbild erst die richtige Tiefenschärfe. Sie drückten das Tüpfelchen aufs i.

„Muitos abrazos – seid gegrüßt, irgendwann werden wir bis vor eure Haustür segeln."

„Bem – fein, wir legen den roten Teppich bereit, damit ihr barfuß laufen könnt."

„Até logo – auf Wiedersehen."

* * *

Mit der Segelyacht auf dem Amazonas: Wir hatten wahrgemacht, wovon wir träumten. Viele der härtesten Brokken waren auf das Fehlen stetiger Winde und einen unzureichenden Antrieb zurückzuführen. Unseren Ehrgeiz setzten wir darein, ihnen aus eigener Kraft beizukommen, ohne einen Schlepp zu beanspruchen. Insgesamt sind wir viermal aufgelaufen und haben fünf piranheiras hart gerammt.

Einem reinen Segler geben wir flußaufwärts die Chance, höchstens bis Manaus zu gelangen. Was darüber hinausgeht, ist ohne Motorunterstützung nicht zu bewältigen. Dagegen ist eine Paddelbootreise flußab oder -auf sicher mit Unbequemlichkeiten und Muskelkater verbunden, bringt aber einer Ausdauer mit, halten wir sie für möglich.

„Wenn du Wert auf Äußeres legst und dir jeden Rumser durch andere Boote zu Herzen nimmst, würdest du den Amazonas nur nervenzerrüttet verlassen."

„Das stimmt, es gehört eben zu unserem größten Abenteuer. Zu gerne hätte ich die Reaktion von pingeligen Yachtkapitänen erlebt, die in der Marina in Ohnmacht fielen, wenn ihr Fender einen Fleck bekam", machte sich Karin lustig.

„Können wir vom größten Abenteuer reden, wenn wir nicht wissen, was noch vor uns liegt, und würden wir die Fahrt trotz allem wieder machen?"

„Ja, ganz gewiß, jedoch nicht noch einmal."

Das Schlimmste, mit dem wir in dem einen Jahr fertig werden mußten? Die blutsaugenden Insekten.

Das Wertvollste? Wir hatten die Natur gesucht und bescheidene, liebe Freunde dazu gefunden, ohne die wir es schwer gehabt, viel versäumt, nicht gelernt und nichts erfahren hätten.

Das bitterste aber bleibt für uns die Ungewißheit, ob sich vorausschauendes Verantwortungsbewußtsein, das Nützliche nur im notwendigen Rahmen zu tun, durchsetzt, damit das grüne Meer mit seinen braunen Wassern für kommende Generationen die struppige Unendlichkeit bewahrt.

* * *

Gehörig zerfleddert und verschrammt gewann ‚Krios' wieder die blaue See. Die beschwerliche Fahrt hatte einigen Ausrüstungsstücken den Rest gegeben. Eine Want und ein Stag waren zersprungen, die Scheuerleiste an zwei Stellen gebrochen, die Ankerkette verrostet, der Steuerkompaß geplatzt, Sonnen- und Klappverdeck vergammelt – die Muß-Soll-Kann-Latte nahm kein Ende.

Waren wir nicht nach Einführung des Starfighters ebenfalls mit ellenlangen Beanstandungslisten vom Flug zurückgekommen? Doch das konnte nichts an meiner Überzeugung ändern, daß die F-104 das letzte einsitzige, ästhetisch schön konstruierte Militärflugzeug war. Wie eine Rakete geformt, ein elegantes, unübertroffen schmissiges Kraftpaket, das aber launisch wie eine Jungfrau sein konnte und seinen Piloten auch den kleinsten Irrtum nicht verzieh.

Der Sprung vom schlichten Düsenjäger zu einem noch unfertigen, nicht voll ausgereiften, hochgezüchteten Rennpferd stellte Ansprüche an die Mechaniker, Elektroniker und Flugzeugführer, denen sie nicht gewachsen waren. Konstruktionsmäßig stellten sich zu viele Fehler auf einmal heraus, die nur nacheinander auszumerzen waren.

Wie gemütlich hatten es dagegen die Besatzungen der Düsenkolosse! Ein F-104-Pilot in diesem Projektil, auch nur mit einem Kopf, zwei Händen, Armen und Beinen, hatte zu agieren, zu reagieren, zu beobachten, zu bedienen und zu navigieren. Es gab kein Delegieren von Aufgaben, kein automatisches Landesystem, keinen Bordcomputer.

Aber, wenn höchste fliegerische Anforderungen gestellt werden, finden sich passionierte Jockel, die sie zu erfüllen bereit sind. Und warst du ihr Führer wie ich als Staffelkapitän oder später Geschwader-Kommodore, teiltest du erst recht jene Verständnislosigkeit gegenüber gewissenlosen Zitaten, die von Himmelfahrtskommando oder gar Witwenmacher faselten. Makaber wurde jeder Absturz deutscher Maschinen mitgezählt; von ausländischen hörte man wenig – deren Presse war feinfühliger. Ohne Beschönigung blieb die Erklärung lapidar:

„Wir fliegen weiter. Das ist unser Dienst und wir lieben ihn, weil uns die F-104 zum Einzelkämpfer macht."

In diesem Sinne hatten wir zwar auch das Duell mit der Wildnis ausgerungen und waren in ‚Krios' mächtig vernarrt, aber:

„Wir sind ganz schön ankorrodiert", beurteilte ich die Lage. „Wir wissen nun, daß die Brasilianer ausgezeichnete Handarbeit leisten, die Qualität des Materials läßt jedoch sehr zu wünschen übrig oder es ist unbezahlbar. Was hältst du davon, wenn wir uns ein Fleckchen in Florida suchen und dort den Augiasstall ausmisten?"

„Auch den Dollar wird man uns abzwacken, aber es wird das gescheiteste sein, aus der Quelle der nicht mehr so ganz unbegrenzten Möglichkeiten zu schöpfen."

Dieses Vorhaben würde die Reise in den Pazifik wegen der Hurrikansaison um über ein Jahr hinausschieben. Der Gedanke daran machte mich kribbelig.

„Ein Jahr Super-hyper-Zivilisation – werden wir das überstehen?"

„Ach, du Urwaldtarzan, hast du noch immer nicht genug?"

Fortuna lächelte, Rasmus blies die Backen auf, der Kompaß wies auf Nordwest und der Wipi nickte uns von achtern zu, als wolle er sagen:

„Ist schon recht; wenn ihr euch nur lieb habt – ich werde euch helfen, den besten Kurs zu halten; ist ja auch gar nicht schwer, bei dem mitlaufenden Strom und achterlichen Wind."

Ich zog Karin eng an mich, vergrub die Nase in ihrem zerzausten Blondschopf und raunte ihr ins Ohr:

„Hoffen wir, daß unsere Herzen schlagen, solange wir leben!"

– Ende –

Anhang

(1) Technische Daten

Segelyacht ‚Krios'

Typ:	Ryton 38
Länge:	11,50 m
Breite:	3,50 m
Tiefgang:	1,40 m
BRT:	13,56
NRT:	10,51

Backdecker

Mittelcockpit

Sloop

Kimmkieler mit Ballast-Mittelkiel

Corten-Stahl

Werft:	Ryton Engineering Co., Ltd., Ryton on Tyne, Durham, England
Baujahr:	1970
Konstrukteur:	Robert Tucker
Hilfsmotor:	Sabb Diesel, 18 PS seit 1986 Volvo Diesel, 36 PS
Heimathafen:	Kiel, Bundesrepublik Deutschland
Registrier-Nummer:	2209
Rufzeichen:	DJOH

(2) Grundriß

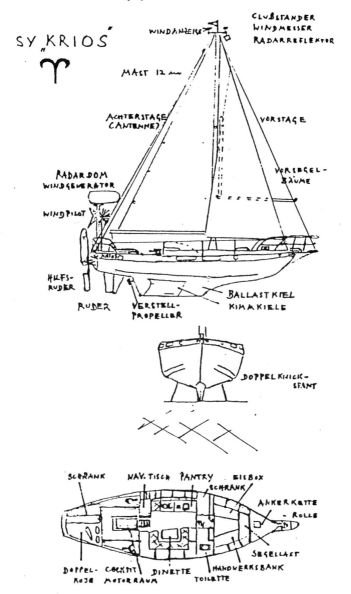

(3) Seemännische Ausdrücke

achtern	–	hinten, Blick in Fahrtrichtung
aufklaren	–	Ordnung machen
ausbaumen	–	Vorsegel mit einer Stange am Mast abstützen
Backbord	–	links, von achtern nach vorn gesehen
Backdecker	–	Schiff mit flachem Arbeitsdeck, ohne Kajütenerhöhung
Backen und Banken	–	Kommando zum Essenfassen
Bake	–	Seezeichen
Barometer	–	Luftdruckmesser
belegen	–	festmachen
bergen	–	stehende Segel fortnehmen
Bilge	–	unterster Schiffsraum
Blaue Jungs	–	Seeleute der Kriegsmarine
Bö	–	plötzlicher Windstoß
Boje	–	am Grund verankerter Schwimmkörper zum Festmachen oder zur Markierung
Bootsmannsstuhl	–	Sitz zum Aufholen am Mast
Brackwasser	–	Salz- und Süßwassermischung
Brise	–	leichter Wind
Bug	–	vorderer Schiffsteil
bunkern	–	Treibstoff aufnehmen
Cockpit	–	vertiefter offener Aufenthaltsraum vor dem Ruder
Crew	–	Schiffsbesatzung
Deck	–	Schiffsdach
Deviation	–	veränderliche Abweichung der Kompaßnadel, abhängig von der Installation

dicht machen	–	schließen
Dinette	–	Eßecke
Dingi	–	Beiboot
dippen	–	Flagge zum Gruß niederholen
Echolot	–	Ultraschallinstrument zur Bestimmung der Wassertiefe
Fender	–	Schutzpolster für den Rumpf
Feuer- und Funkkennung	–	Licht und Radiosignale in bestimmtem Rhythmus zum Anpeilen für die Ortsbestimmung
fieren	–	Lose geben
Flaute	–	Windstille
Gaffel	–	trapezförmiges Segel, dessen obere Seite mit einer Stange gehalten wird
GMT	–	Greenwich Mean Time – Weltzeit auf Nullmeridian bezogen; heute allgemein UTC – Universal Time Coordinated
Gleithang	–	Flußinnenkurve
Heck	–	hinterer Schiffsteil
Helling	–	geneigte Ebene zum Bau von Schiffen
heuern	–	verdingen
hieven	–	hochholen
Hurrikan	–	Wirbelsturm
Jolle	–	offenes Segelboot
Kajüte	–	Wohnraum unter Deck
Katamaran	–	Zweirumpfboot
Kiel	–	unterster Längsverband mit oder ohne Gewicht
Kiellinie	–	Formation einzelner Schiffe hintereinander

Kimmkiel	– seitlich am unteren Rumpf angebrachte Stabilisierungsflächen
klarieren	– an- und abmelden bei Hafenbehörden
Knoten	– Geschwindigkeit in Seemeilen pro Stunde
Koje	– Bett
Kompaß	– Instrument zur Angabe der Himmelsrichtung
Koppelmaat	– Hilfskraft bei der Navigation
koppeln	– überschlägig navigieren
Korb	– Geländer als Schutz gegen Überbordgehen
Krängung	– Überliegen nach einer Seite
kreuzen	– auf wechselnden Seiten gegen den Wind segeln
Kreuzsee	– unruhiges Wasser durch gegeneinander laufende Wellen
Kurs	– Richtung, in der ein Schiff fährt
Landfall	– von See kommend die erste Landsicht
Lee	– windabgewandte Seite
Legerwall	– Küste, auf die Wind und Strom stehen
lenzen	– leeren
Logbuch	– Schiffstagebuch
löschen	– Schiff entladen
Lose geben	– Tau oder Kette nachgeben
loten	– Tiefe messen
Luke	– Öffnung nach innen
Luv	– windzugewandte Seite
malen	– ein Schiff wird nicht „gestrichen"
Meile	– eine Breitenminute am Äquator = 1,852 Meter

Millibar	–	Höhe des Luftdrucks, 1 mb = 0,75 mm Quecksilbersäule, auch Hektopascal
Mooring	–	festverlegte Ankerboje
Nationale	–	Nationalflagge
Nautische Meile	–	Seemeile, siehe Meile
Navigation	–	die Kunst, am Ziel (trotzdem) anzukommen
Navigationslichter	–	vorgeschriebene Schiffslampen, im Gegensatz zu Feuern
Niedergang	–	Zugang zu den Kajüten vom Cockpit
Pantry	–	Küche auf kleineren Booten
Pegel	–	Wasserstandsmesser
peilen	–	Richtung eines Objektes feststellen
Pinne	–	Hebelarm zum Bewegen des Ruders
Plicht	–	Cockpit
Poller	–	Befestigungsmöglichkeit für Leinen
Prallhang	–	Flußaußenkurve
Pricke	–	Stock oder Strande bei Untiefen
Pütz	–	Eimer mit Leine
Radar	–	elektronisches Hilfsmittel zur Ortsbestimmung
reffen	–	Segel verkleinern
Regatta	–	Segelwettbewerb
Reling	–	Sicherheitsdraht am Decksrand gegen Überbordgehen
Riemen	–	Paddel zum Rudern
Rigg	–	Takelage eines Segelschiffs
Roringstek	–	Seemannsknoten
Ruder gehen	–	das Schiff steuern
Ruder legen	–	Stellung des Steuers ändern

Saling	–	Spreizstenge
Scheuerleiste	–	Rundumleiste zum Schutz des Rumpfes
Schoner	–	mehrmastiges Segelschiff
Schot	–	Tau, mit dem das Segel in Windrichtung gestellt wird
Schott	–	wasserdichte Querwand im Schiff mit Öffnung
Schwell	–	ausgeprägte Wellenbewegung
Segellast	–	nicht benützte Segel
Signalgast	–	zur Zeichengebung beauftragter Seemann
singen	–	ausrufen
Skipper	–	Kapitän auf kleineren Booten
Sloop	–	einmastige Yacht
Smutje	–	Koch
Spiegel	–	plattes Heck
Spiere	–	Rundholz, Stange
Stag	–	Draht zur Abstützung des Mastes vorn und achtern
Stander	–	kurzer Wimpel
stauen	–	verladen
Steuerbord	–	rechts, von achtern nach vorn gesehen
Steven	–	vordere und achtere Begrenzung des Schiffes
streichen	–	Segel herunternehmen
Stromversetzung	–	durch fließendes Wasser verursachte Abweichung vom Kurs über Grund
Springzeit	–	Zeit um Voll- und Neumond, wenn der Tidenhub den höchsten Stand erreicht
Takelage	–	Sammelbegriff für alle Teile, die ein Segelboot ausmachen

takeln – auftakeln	–	ein Segelboot mit der Takelage versehen
Tide	–	Flut und Ebbe
Tidenhub	–	Höhenunterschied zwischen Flut und Ebbe
Tonne	–	Festmacherboje oder schwimmendes Seezeichen
Törn	–	Seereise
Trimaran	–	Dreirumpfboot
trockenfallen	–	während der Ebbe auf Grund liegen
Variation	–	veränderliche Abweichung der Kompaßnadel von geographisch Nord
verholen	–	verlegen
verklaren	–	formulieren bestimmter Aussagen
Verstellpropeller	–	ermöglicht durch Blattverstellung Vor- und Rückwärtsfahrt
Vollschiff	–	3-5 Master mit voller Takelung
Vorschotmann	–	Hilfskraft, um die Vorsegel zu bedienen
Want	–	Draht zur seitlichen Abstützung des Mastes
Wind	–	am Wind, segeln mit Wind schräg von vorn, vorm Wind, segeln mit Wind von achtern
Windgenerator	–	lädt ab Windstärke 3 die Batterie
Windpilot	–	Selbststeueranlage, die mittels Windfahne ein hochklappbares Hilfsruder betätigt und das Boot entsprechend der Einstellung steuert
Windstärke	–	nach Beaufort (Bf) Skala

Winsch	–	Winde zum Holen von Kette oder Tau
Wolken	–	Grad der Bedeckung in der meteorologischen Terminologie in Achteln
zuhalten	–	auf etwas zusteuern
zurren – verzurren	–	etwas festbinden

(4) Declaración

Servicios Marítimos Fluviales S. C. R. Ltda.
Agencia Fluvial de Primera Clase
Licencia No. 205 - Telex: 47003

PROPIETARIO Napo 166 - Teléf. 235905 - Casilla 211
ARMADOR: JURGEN SHULTZE ROHL

Declaración General

Llegada [ ]   Salida [X]

1. Clase y nombre del buque: YATE "K R I O S"	2. Puerto llegada / salida: IQUITOS (PERU)
3. Fecha y llegada / salida: 17 - 07 - 81	
4. Nacionalidad a) sg bandera b) sg C T A (a) del buque: ALEMANA	5. Nombre del Capitán: JURGEN SHULTZE ROHL
6. Puerto procedencia destino: MANAUS (BRASIL)	
7. Puerto matrícula y numeral: KIEL - 2209	8. Agente y su dirección: S E R M A F L U
9. Tonelaje reg. Bruto: 38.40	10. Tonelaje reg. neto: 13.56
	NAPO No.166 IQUITOS (PERU)
11. Sitio de atraque o amarre: PTO/. CALLE SGTO.LORES	11a Calado: a la entrada _____ al zarpe PROA:3' POPA:4'
12. Breve descripción del viaje (b): IQUITOS (PERU) / MANAUS (BRASIL)	
13. Breve descripción de la carga con indicación de la peligrosa (c): NO CONDUCE CARGA	
14. No. Trip. (incl. Capitán): 02	15. No. de pasajeros: NO
16. OBSERVACIONES DEL CAPITAN: NINGUNA	
Documentos Adjuntos y No. de ejemplares	
17. Manifiesto de Carga: SI (14)	18. Manif. carga peligrosa: NO
25. Esta declaración general y los documentos adjuntos son completos, exactos y verdaderos según mi leal saber y entender IQUITOS, 17 DE JULIO DE 1,981	
19. Rol de tripulación: SI (12)	20. Lista de pasajeros: SI (14)
21. Decl. de suministros (d): SI (12)	22. Decl. efectos Trip. (d): NO
23. Decl. Marít. sanidad (d): NO	24. Guía de Correos (d): NO
26. Fecha y firma del Capitán u otra persona autorizada	
27. OBSERVACIONES DE LAS AUTORIDADES	

Capitanía de Puerto de Iquitos
CONTROL DE ZARPE
Fecha: 18-7-81

Toda Nave a su Arribo Atracará en el Puerto de la Capitanía para su Recepción

17 JUL 1981

El Capitán de Fragata
Jefe del Distrito Naval 51 y
Capitán de Puerto de Iquitos
IDAS VILDOSOLA GONZALES
O-M-6014

29.- Autorizado para zarpar con destino a

Fórm.
LAL / OEA

(5) Bibliographie

Arnau, F., Der verchromte Urwald. Berlin 1967
Baudin, L., Der sozialistische Staat der Inka. Hamburg 1956
Benites Vinveza, L., Argonautes de la Selva. Mexico 1945
Blüthgen, J., Allgemeine Klimageographie. Berlin 1966
Castro de, J., Geopolítica da Fome. Sao Paulo 1961
Claus, Grobben und Kühn, Lehrbuch der Zoologie. Berlin 1932
Condamine de la, Ch.M., Relation abrégée d'un voyage fait dans l'intérieur de l'Amérique méridional. Paris 1791
Conti, G., Amerigo Vespucci. Florenz 1898
Coute e Silva, G., Geopolítica do Brasil. Rio de Janeiro 1967
Cunill, P., L'Amérique andine. Paris 1966
Freyre, G., Ordem e Progresso. Rio de Janeiro 1961
Gerth, H., Geologie Südamerikas. Berlin 1932
Graf, J., Pflanzenbestimmung. München 1963
Guia Quatro Rodas do Brasil. Sao Paulo p.a.
Hagen von, V., Sonnenkönigreiche. München 1966
Hector, C., Der Staatsstreich als Mittel der politischen Entwicklung in Südamerika. Berlin 1964
Hegen, E., Highways into the Upper Amazon Basin. Gainsville 1966
Humboldt von, A., Vom Orinoko zum Amazonas. Wiesbaden 1964
Hydrographic Department Ministry of Defence, South America Pilot NP 5 Vol. I. Taunton 1975 (auch Quelle der beigefügten Flußkarte)
Instituto Brasileiro de Geografia e Estatística, Anuário Estatístico do Brasil. Rio de Janeiro p.a.
Ianni, O., Industrializaçao e desenvolvimento social no Brasil. Rio de Janeiro 1963

Katz, F., Vorkolumbische Kulturen. München 1969
Key, Ch.E., Les explorations du XXe siècle. Paris 1937
Koerke, C., Andenländer Südamerikas. Nürnberg 1966
Hueck, K., Die Wälder Südamerikas. Stuttgart 1966
Lambert, J., Le Brésil. Structure sociale et politique. Paris 1953
Magnaghi, A., Amerigo Vespucci. Rom 1924
Mahieu de, J., Os Vickings no Brasil. Rio de Janeiro 1976
Matos Mar, J., Perú problema. Lima 1968
Mertens, R., Die Tierwelt des tropischen Regenwaldes. Frankfurt a.M. 1948
Meyer's Geographisch-Kartographisches Institut, Mittel- und Südamerika. Mannheim 1969
Müller, R., Orellana's Discovery of the Amazon River. Guaquil 1937
Owens, R.J., Peru. London 1963
Reiche, M., Geheimnis der Wüste. Stuttgart 1968
Schmeil-Seybold, Lehrbuch der Botanik. Heidelberg 1952
Schweigger, E., Die Westküste Südamerikas im Bereich des Peru-Stroms. Heidelberg 1959
Steward, J.H., Handbook of South American Indians. New York 1963
Tocantins, L., Santa Maria de Belém do Grao-Pará. Rio de Janeiro 1976
Valverde, O. und Dias, C.V., A rodovia Belém – Brasilia. Estudo de geografia regional. Rio de Janeiro 1967
Wagley, C., Amazon Town. New York 1968

**Bereits im R. G. Fischer Verlag
erschienen:**

Karin und Jürgen Schultze-Röhl

Von Cockpit zu Cockpit

Band 1:
Mit „Krios" zur Karibik

1991. 148 Seiten. Pb DM 19,80.
ISBN 3-89406-224-X